LOCUS

LOCUS

右圖：1996 年香港大學心理系畢業。
左圖：2002 年香港大學犯罪心理學碩士畢業，與母親合照。

2009 年香港大學認知心理學博士畢業

發生意外前在紐西蘭駕駛滑翔機

2004 年 11 月 9 日滑翔機墜機意外，機體損毀嚴重。

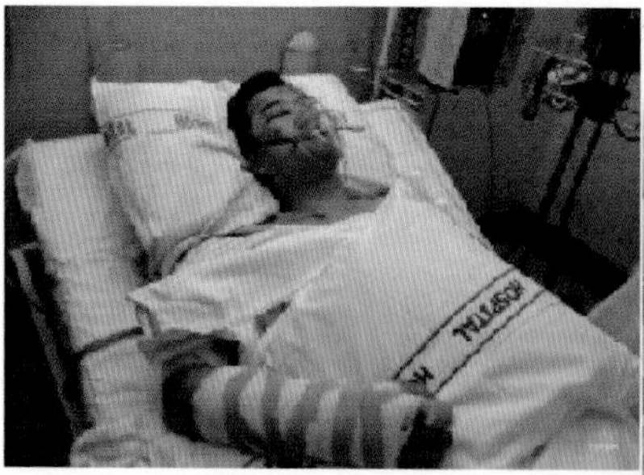

星島副刊 FEATURES

高空墜地站起來

潛行生死勵志奇迹

右圖：出版第一本著作時接受香港的報章訪問。

左圖：意外後被送往紐西蘭奧克蘭醫院加護病房搶救，身上插滿了導管。

2005 年 11 月 9 日回到墜機現場撿回的太陽眼鏡，還保存得完整無缺。

喜歡進行各種高難度的危險運動，2001 年在泰國玩拖曳傘。

2003 年，在香港西貢玩滑水和衝浪。

意外後仍然無改喜歡上高山下大海的個性，2007 年在北海道二世古滑雪。

2008 年，重回海洋懷抱，並拿到潛水教練執照。

愛旅行體驗世界，2000 年在吳哥窟旅遊。

2009 年在青海、西藏旅遊，與仁波切合照，並見證了佛學院的興建儀式。

1999 年，大學畢業後考入香港警察隊，當時進行機動部隊訓練。

P7 October 10 to October 23, 2007 (Issue 857) 警聲 OFFBEAT HONG KONG POLICE FORCE 香港警務處

Force shooters clinch 17 medals

Following their success at the 2007 World Police and Fire Games, the Hong Kong Police Shooting Club (HKPSC) made the grade again at the 2007 Singapore Open Shooting Competition held from September 1 to 9.

The HKPSC team took on shooters from countries like the US, Germany, Australia, Switzerland, Thailand, the Philippines and Singapore and secured an impressive total of 17 medals comprising six golds, four silvers and seven bronzes.

In line with the Physical and Health Management (PHM) introduced by the Force in August this year, the HKPSC is playing a leading role in promoting and participating in healthy lifestyle events by nominating young and budding shooters for international competitions. Led by HKPSC Vice Chairman, Superintendent Siu Kit-hung, a team of eight shooters, including veteran shooter Senior Superintendent Cheng See-hing, who also acted as the team coach, participated in the annual worldwide event in Singapore. Among the participants are three world record holders and an Olympic medalist.

Behind every medal always lies a touching story and Senior Inspector Chung Cheuk-fai is a classic example. Having recovered from serious injuries sustained in a plane crash a few years ago and despite the need to take medication regularly, he had gone through a very tough training programme for his debut at an international event, and his efforts were rewarded with two individual gold medals and two team gold medals.

After the competition, SIP Chung was most grateful to the HKPSC for having confidence in his performance. He hoped fellow officers would turn an adversity into an opportunity and embark on healthy lifestyle activities, just like what he had done.

Meanwhile at an International Practical Shooting Confederation (IPSC) event, Police Constable Lam Chak-hung, despite lack of practice facilities available for the HKPSC, managed to secure a silver medal to the surprise of all other competitors and the organisers. During the process, he edged out a world fourth ranking Filipino revolver shooter to win the additional title of "The Most Gung-ho".

The Police Shooting Club team proudly shows off its medal galore

Thanking the HKPSC for its full support, PC Lam hoped that more practice facilities would be available under PHM programmes for promising shooters to bring home more medals.

About the same time, Woman Chief Inspector Katherine Cheung Tin-yee took part in the clay targets (trap and double-trap) events of the highly prestigious South East Asia Shooting Championship held in Kuala Lumpur, Malaysia. Facing extremely tough competition from other professional shooters, she stood the test and proved her immense will and skills to grab a bronze medal in the double trap event.

"There is nothing more important than having confidence in your own ability and making a workable plan to achieve your goals," said Katherine, who attributed her success in competitions to the continuous support and guidance for her training throughout the years by the Hong Kong Shooting Association and the HKPSC.

2007 年參加新加坡射擊比賽，囊括兩面個人項目的金牌和兩面團體賽金牌。

心茶道治療示範，每一泡茶的滋味都是獨一無二的。

心書道治療示範，具有調節心理情緒等正面的效果。

Smile, please

Smile 106 **做自己最好的醫生：一位心理學家的自癒實錄** 增訂版

作者：鍾灼輝
責任編輯：冼懿穎
封面設計：三人制創
美術編輯：Beatniks
校對：簡淑媛
法律顧問：董安丹律師、顧慕堯律師
出版者：大塊文化出版股份有限公司
台北市10550南京東路四段25號11樓
www.locuspublishing.com
讀者服務專線：0800-006689
TEL：886-2-87123898 FAX：886-2-87123897
郵撥帳號：18955675 戶名：大塊文化出版股份有限公司

總經銷：大和書報圖書股份有限公司
地址：新北市新莊區五工五路2號
TEL：(02) 89902588 FAX：(02)22901658
製版：瑞豐實業股份有限公司
二版一刷：2014年4月
二版三刷：2018年3月
定價：新台幣 420 元
ISBN：978-986-213-514-3
Printed in Taiwan

做自己最好的醫生

一位心理學家的自癒實錄

增訂版

鍾灼輝

目次 CONTENTS

身體療癒篇

推薦序

心的力量　身的奇蹟

地球禪者　洪啟嵩

二〇一一年，作者將自身從重創到復元的奇蹟，寫成了奇幻的小說《生命迴旋》，當時我非常歡喜為此書推薦，其堅強的生命力及永不放棄的決心，令人感動。

現在這本《做自己最好的醫生》，他要與大家分享的，是他開創奇蹟的過程與方法，如何運用心理學的專業，透過催眠、夢境療法，激發身心的潛能，開啟生命自我修復的能力。

本書所提及的療癒法中，潛意識、催眠、夢境療法與放鬆法，占有重要的角色。催眠在西方廣泛地被運用於心理治療。事實上，人類的細胞中存有著四十億年來生命演化的殘留、集體宇宙潛意識的痕跡，以及一百五十億年，乃至無窮時劫的宇宙發展紀錄。而這無窮的累世記憶，就宛如地層結構一般，層層覆蓋，離我們越近的部分，記憶越清晰，就像越靠近地表的地層，越容易浮現。

二〇〇五年左右，在台灣非常流行以催眠來探求前世今生，「網路與書」主題書

《記憶有一座宮殿》曾請我從佛法的觀點來剖析這個現象。

我以一個比喻來說明催眠所看到的現象。我們自身像一個電視，可以接收無數個頻道，但是如果沒有足夠的禪定力，就好像沒有定頻器一樣，無法定頻，影像不清楚，會接收到許多雜訊。就像在催眠的過程中，如果沒有禪定的基礎，所看到的影像就會不穩定，被許多雜訊所干擾。這也就是為什麼催眠運用在心理治療雖有極佳的成效，但催眠期間的陳述能否作為客觀的事實，卻仍待保留。

作者身心重創的重建過程，讓我憶起自己一次瀕死的車禍經驗。

一九九〇年夏天，我騎著機車往辦公室的路上，被車流逼到快車道，這時停在前面的車子車門忽然打開，我就被撞飛出去。在空中還沒掉到地上時，又被另一輛正疾駛過來的計程車撞上，將我拖在車底下，滑行了一百多公尺。被送到醫院時，我已經七孔流血，意識昏迷，全身嚴重燙傷，也被醫生宣判不治。

回想當時車禍的重創與身心快速的恢復，與我在一九八三年深山閉關的經驗，有著極大的關聯。在山上閉關時，由於深刻的禪觀，我的身心產生了極大的變化，因此出關之後，我將此經驗以《金剛經》「三心不可得」的口訣，加上構成身心宇宙萬象的

地、水、火、風、空、識六大元素相融相攝的原理，創發出「放鬆禪法」，於海內外講學，作為大眾深層紓壓養生的方法，及修行者深入禪定的法門。

在亞洲幾次重大的天災中，「放鬆禪法」亦發揮了高度作用。一九九九年台灣九二一大地震，二〇〇三年全球SARS風暴，及二〇〇八年中國汶川大地震、二〇〇九年台灣八八風災，「放鬆禪法」幫助了無數災民、醫護人員及志工在災後心靈重建。

一九九九年起，台灣法務部也將之運用在監獄受刑人身心解壓，消弭暴戾之氣，改造心性。二〇〇九年，我更進一步將此「放鬆禪法」融入茶道，創發出五感放鬆、六大交融的「心茶瑜伽」，在茶道界引起了廣大的迴響。

歷年來，「放鬆禪法」全球使用者已逾百萬人。而今，這套方法被運用在心理學的領域，幫助更多人，讓我倍感歡喜。

作者鍥而不捨開創了生命奇蹟，再次證明心靈對身體不可思議的改造力量。

祝福有緣的讀者能從中汲取幸福的養分，開創光明人生！

推薦序

最有勇氣的造夢大師

創作人・作家　李欣頻

還記得二〇一一年十一月初看《生命迴旋》時，對於BELL（鍾灼輝）戲劇性的人生際遇與睿智佩服不已，一直想探索他究竟是如何做到奇蹟康復？所以我建議他應該把更細節的方法寫出來，讓我們可以藉此探尋自己的潛意識，啟動強大的創造與自療動能，就像電影《全面啟動》（*Inception*）一樣，我們可以打造出場景，讓人物與劇情走進來。

於是我向BELL提出《做自己最好的醫生》這本書的概念，希望他能不吝傳授非常寶貴且可行的專業自療法。我有幸成為這本書的第一位讀者，特別被他書中那一段「化身為建築工人，為自己的斷骨搭橋接合」感到驚喜，因為簡直就是《全面啟動》的真人真事版，但他的自療時間又遠遠早於電影七年，所以更被他書中提到「設定離開潛意識的音樂」感到不可思議，覺得BELL真是最有勇氣的造夢大師！

我雖然沒有像BELL那麼戲劇性的人生，也沒有他的心理學專業知識，但我對潛

意識創造法一直都在好奇地探索著，也拿來在自己人生的創意創造上不停地實驗成功。所以我在身為 BELL 忠實讀者的同時，也偷偷地把他的方法轉喻到我的場景來，進行更大規模的創造，甚至找到突破時空密碼的關鍵，所以 BELL 在潛意識創造領域上，是我最好的老師。

這本《做自己最好的醫生》，是每個人可以發揮自體潛力的最佳範例，如果連 BELL 這麼重的傷都能奇蹟似地活下來並自癒成功，那麼其他像是癌症、憂鬱症、痛症……等都不再是無可救藥，找到方法後，你就是自己最好的醫生！

增訂版自序

故事的治療力量

如果說，寫一本自己的故事書，就好像將自己的人生再活一遍，那到底是一種幸福，還是一種折磨？我嘗試整理我的意外經歷，從瀕死、療癒、到旅程，認真仔細的重演一次，書寫了重生的三部曲。《生命迴旋》讓我重遊尋找人生答案的奇幻旅程，《做自己最好的醫生》把我身上的十道傷疤重新撕開再癒合，《我死過，所以知道怎麼活》將我送返墜機瀕死時的異域時空。我分別以旅者、醫者、及瀕死者三重身分，化身成一個說書人，努力地訴說我的生命故事。

為了能真實地再活一次，我必須為文字灌注生命，把力量牢牢的封印在紙張裡。你會慢慢發現文字承載著訊息的同時，也在散播情感與傷痛，讀來感覺像活在我的生命裡一樣。這其實也變成書寫可怕的地方，因為要讓文字重現生命，需要的並不是華麗詞藻與寫作技巧，而是一顆赤裸裸的心，重新經歷當時每個悲歡離合、喜怒哀樂的片段。每當寫到傷痛處，身體上的傷疤便會跟著燃燒，足踝患處也隱隱作痛。有多少

個深夜，內心一直被當時的憂鬱情緒所纏擾，徹夜揮之不去。

所以，如果你在書裡聞到了血腥，感受到疼痛，請不要訝異，因為那來自我殘缺的身體。如果你嘗到了愁苦，變得憂鬱，請不要害怕，因為那來自我絕望的內心。但你一定不要錯過文字裡的治療力量，那是來自我已被療癒的身心，是用生命換回來的，這亦是你最後需要帶走的東西。這雖像是一個詛咒，但原來也是一種救贖，其本質就如生跟死的關係一樣。

花了九年時間，我把故事說完了。但我必須承認，最初我不過是為自己寫一篇生命故事，算是一種個人的救贖。但往後這些年，我在治療自己和別人的過程中，發現了一個重大祕密，原來一個活著的故事是具有劃時空、破地域的療癒力量的。如果你願意敞開心扉，勇敢的面對自己生命中的錯失傷痛，你便可以跟我在平行時空裡，來一場真實的身心靈會診。你的傷痛會從我的傷口流出，我的療癒會在你的身上結疤，最後我們一同變成自己唯一且最好的醫生。

我曾經問自己，如果每個大難不死的人，都是帶著某些使命而重返人世，那我的使命又是什麼？我感到自己十分幸運，能碰上這奪命意外並得到療癒重生。但這個奇

蹟故事不應只屬於我一個人，我不過是一個被挑選出來説故事的人。所以在意外後九年的今天，我決定用生命重新整理編寫這療癒經歷，讓這故事安載著我的靈魂，成為別人的希望與救贖。

我很喜歡雨果的一段話：「出版一本書，就像在荒島上向大海丟出一只求救瓶，隨著天候潮汐，隨著命運，瓶中的稿子會漂向何處，何時落到何人手裡，我一無所知，正因為一無所知，所以充滿希望。」我把一篇又一篇的書稿裝進瓶子，用力的一次又一次擲向無邊際的大海。我永遠不知道，這個裝了書稿的瓶子會漂流到何方，在何時、何地、被何人撿到。不管撿到的人得到的是治療的啟發，或是單純的支持與鼓勵，只要其中一個撿到了希望，這個世界便因我的經歷而變得有些不一樣。

最後，我要謝謝無條件愛我、支持我的媽媽，把重傷的我帶回家的哥哥，還有正在閱讀這書的你們，讓我的人生故事有了共鳴的聽眾！

前言　身心靈療癒工具書

這是一本專家自救的身心靈療癒工具書。

二〇〇四年，我在紐西蘭發生了一場瀕死的墜機意外。這場讓我幾乎終生殘廢的意外，卻也成了重生的契機。

本書可視為一本傷病者的心情日記，同時也是醫者的治療實錄。我透過傷病者的角度，詳述了從意外到康復的心路歷程，如何從一個意志堅強的病人，變成最後消極放棄的傷殘者，渴望奇蹟的同時又不敢相信奇蹟。當信心與信念銷磨殆盡以後，就只有憤怒與絕望：我的明天將會比昨天更加黑暗，這就是我所看到的人生。其實那時候的我，不只身體傷殘，心靈也同樣殘障。

之後，我得到人生的大覺醒，從放棄生命到相信生命，從一個絕望的重大傷殘者，回復為專業的心理學家，並領悟出自救的另類療法，從而解開生命的祕密，再一次創造生命的奇蹟。

生命究竟有多大的可能？如果我的大難不死是一次意外奇蹟，我保住了右腳又是另一次醫學奇蹟，這些奇蹟是如何發生、如何創造的？抑或這都只是生命的巧合？就像中樂透的幸運兒一樣？

其實在人這個複雜的身體裡，不單有著無限的智慧，還隱藏了無盡的生命可能，而這一切都寫在我們的遺傳密碼上。要揭開生命的奧祕，就必須深入潛意識裡，因為所有的生命奇蹟都在那裡發生。只要能進入潛意識的底層，我們就可以開啟生命的力量，啟動自我療癒的能力。我決定運用潛意識的力量，以醫生都不可置信的「夢境療法」來醫治我的右腳。我的生命展現了讓醫生無法置信的奇蹟，翻轉了醫生對我宣判的終身殘障命運。

然而，這個奇蹟治療法，並不存在於任何現有醫療或心理治療系統中，是我走過這段瀕死意外與傷病經歷後，透過對大自然徵兆的解讀與人類潛意識的解密，所領悟出的一種治療心法。這也不是什麼神奇的力量，而是我們與生俱來的寶貴自我修復能力，從心理專業的角度上是絕對可信可行的。

從意外生還到後來的康復，我生命裡出現了一次又一次的奇蹟。我希望透過我的

親身經驗，跟大家一起回顧這趟難得的生命奇蹟之旅，一起探索如何扭轉自己的人生，以及如何靠自己創造生命奇蹟。請相信，奇蹟不只屬於某些幸運兒，它是屬於所有的生命。

一路走來，我發現了治療的重大祕密，其實每個人才是自己唯一且最有效的醫生，而相信自己就是相信生命奇蹟。我希望這些寶貴的方法，能給每一位目前需要奇蹟的人最及時的身心靈救援，並謹以我的實例獻給所有相信奇蹟的傷病者，希望在療癒的路上攜手扶持。

雖然時至今日，我的右足踝骨骼還是被現代醫學診斷為「缺血性壞死枯竭」，檢查結果也顯示不到任何血液的流經，但血氣正以其他神祕的管道輸進骨骼裡，讓骨骼可以繼續奇蹟般生長。直到本書面世之前，這祕密可能只有我一個人知道，也只有我一個人相信。

生命奇蹟的解密檔案，此時此地，向你而來。

心理療癒篇

第一章　死後復活

活著的痛

我感到痛，無比的劇痛自身體四面八方湧來，強行把我從死亡的昏迷中拉回。因為這不是一般的失去意識，而是失去生命後的深度混沌，所以必須以極高劑量的痛楚，才有機會把死者再次深度喚醒。

痛楚是回到這個現實世界的第一感覺。身體彷佛在對我說：「活著本來就是充滿了各式各樣的苦痛。」此刻痛正提醒我仍然活在這個世界上。

然後，我開始聽到了聲音。

「傷者奇蹟生還！趕快救援！」我聽到了墜機意外後的第一句真實說話。

救援人員正拚命跟時間競賽，從跑道方向趕來營救。他們拿著各種消防工具，試

圖把垂死的我從飛機殘骸中拖救出來。他們的喊叫聲跟救護車的鳴笛聲此起彼落，只要細心聆聽，便可以發現當中隱藏的旋律節奏，抑揚頓挫、高低起伏。這讓我想起貝多芬第五號交響曲的開端，命運正趕到門前，發出三短一長的敲門聲。

「不用擔心，我們很快便會把你救出來，你一定要撐住。」誰的聲音在我耳邊低聲安慰說。

身體其他的感官逐一恢復，我感到手腳異常的冰冷，體溫像從大小傷口急速地流失。我聞到了玻璃纖維因高速摩擦而產生的燒焦味，跟剛被割破的清草氣味及新鮮的血液腥味，正不協調地混合着。雖然我的眼睛一直是張開著，但光線與影像卻沒有成功進入眼球，我只感到眼前白濛濛一片。

視覺是最後回來的。我看見了自己殘破的身體與爆裂後的駕駛艙，這跟我靈魂出體時所看見的恐怖景象是一樣的，所以我並沒有出現預期中的驚訝。

救援人員在檢查我的心跳脈搏，小心翼翼地替我固定頭部，把一些不知名的液體注射進我的血管。可是，我的痛楚並沒有一絲減輕。

「沒辦法把他拖救出來！控制桿被撞得扭曲變形，壓住了他的上半身，他的雙腿

被困在殘骸裡，腳掌更卡死在操控尾舵的腳踏板上。」一人在報告狀況。

「快去拿大剪和電鋸！先固定右邊的機身，用路旁那根白色的大木柱，快把木柱抬過來！」另一人在指揮搶救。

消防隊大約花了三十分鐘的時間，最後成功把我從殘骸中救出來了。我被抬上救護車，雖然我極度的虛弱，但生理的痛楚讓我保持著清醒的意識。救護員為我做各式各樣的檢查，仔細地記錄著各項維生指標。

「意外是怎麼發生的？傷者昏迷了多久？」救護人員這樣問著。

「飛機在剛起飛不久便發生了意外，從大約一百多公尺的高空失控墜落，最後墜毀在跑道外不遠處的土地上。我們接到報告後馬上從控制塔台趕去現場，以時間計算來算，傷者昏迷了十一分鐘。」有人在我旁邊回答。

就在這短短的十一分鐘，我再一次經歷了三十年的人生歲月，與死神相遇後又再折返人間。

重生的噩耗

當救護車到達醫院大門時，我隱約看見七、八位穿著白袍的醫護人員，神情肅穆地站在急診室門外。他們聽取了救護員的詳細報告後，便開始在我身體插上各樣的導管，我像是一具活體實驗品，被送進不同的醫療儀器做檢查診斷。奇怪的燈光不停地在我身上掃射遊走，生硬的電子儀器聲音不斷地在我耳邊響起。

「先生，你清醒嗎？能清楚聽見我的話嗎？我要跟你說明受傷的情況。」一位醫生以沉重的聲音對我說。

我向醫生眨了眨眼睛，表示我能聽見。

「你從差不多五、六十層樓的高度摔下來沒死，已經算是我看過最大的奇蹟了。你受到了輕微的腦震盪，不會對你構成嚴重傷害，但可能對你的記憶有短暫影響。你的右前臂出現了複合性骨折，其中一根骨頭更從手腕處岔了開來，外露於手臂之外。我們要先把碎骨清理，徹底消毒後再以鋼板鋼釘幫你固定復元。你的左膝由於抵禦

強大的撞擊後衝力，後十字韌帶與內外兩側韌帶都同告斷裂，只差一點整支小腿就會飛脫出來。我們可以透過外科手術，從你身體別處抽取適合的筋腱組織，替你重建這些破損的韌帶。身上其他大大小小的割傷裂傷，我們都可以幫你縫合修補，只是……」

主治醫生突然停下來，吞了一下口水，喉嚨間發出了令人不安的巨大聲響。

「只是，你的右腳踝，我們無能為力了。」

我凝視著他的眼睛，正努力尋找他這話的真正意思。雖然醫生所說的每一個字我都聽懂，但當把這些文字併合起來，我卻無法順利解讀當中的訊息。「無能為力」既不是診斷的一種，也不是什麼治療的方法，比較像是犯錯後的懲罰性宣判。

醫生露出難過的表情繼續說下去：「複合性骨折徹底地破壞了整個右足踝關節，除了軟組織與筋腱的斷裂外，輸送血液的血管也被徹底扯斷了。即使勉強把骨頭用鋼釘連接，但沒有血液的輸送，整個右腳掌組織終究會壞死枯萎的，到時候便可能危及生命。

「所以很抱歉，我們必須把你的右足踝連同腳掌同告切除。」這是醫生最後的判詞。

聽到這冰冷的判詞，我並沒有做出即時的回應，只是我的眼淚卻安靜地流下來了。不只是我，身邊的朋友也默默地在流淚，整個病房出奇的寂靜。

「因為你的生命沒有即時危險，而你是處於清醒狀態的，所以我們需要得到你的同意，才能進行切除手術。」主治醫生在等著我的首肯。

「我不同意，不可以拿掉我的自由。」這是我死而復生後所說的第一句話。

「這樣，你可能會因組織感染而有生命危險的。」醫生勸說。

「那請不要救我，讓我安靜地離開吧，反正我已經到過那裡了。」我出奇平靜地說著。如果早知道回來有這樣的結果，當時我便二話不說地選擇「離開」，我開始後悔為什麼沒有跟著光源離開。雖然當時我做不了決定，但變成殘廢是我絕對不要的選擇。

在死亡的國度裡，我感到了難得的寧靜與自由，與活著的痛苦與無奈相比，簡直是天堂跟地獄的分別。

聽到我這樣的回答，所有人都愣在那裡，不知如何是好。這時，嗶嗶的聲響從我身旁的儀器不斷發出，我的意識開始變得模糊。

「醫生，傷者血壓正在下降，讀數只有八十/四十，需要立刻輸血急救。」這是我昏迷前聽到最後的聲音。

死神不是已經把我送返原來的世界嗎？我將再次活過來，找到答案後重新選擇一

次。但為什麼會變成這樣？難道之前所經歷的一切都只是幻象？根本沒有靈魂、沒有光海、沒有死神，我只是做了一個瀕死的夢……我的內在意識慢慢地消失了。

生命的流逝

再次醒來已是三天以後的事。

我稍微張開眼睛，發現自己躺在一個陌生的房間，天花板泛著雪一樣的白色，中央的位置懸掛著一把上了年紀的電風扇。我嘗試轉動眼球環顧四周環境，我看見了四面純白色的牆，牆身並沒有多餘的裝飾或不必要的家具。唯一例外的，就只有對面牆上的一面圓形掛鐘。這掛鐘像是專為病人而設的，不論從角度或是高度去看，也是經過精心調研，以確保擺放的位置恰好坐落在病人視線範圍的中央。

為甚麼非要提醒病人時間不可？時間對一個病人有著什麼特別的意義嗎？

我看著秒針徐徐地向前滑動，心臟竟不期然地以相同的節奏跳動著，這種同步性

引發出一種奇異的共鳴感，讓人有種說不出的踏實安穩。

時鐘好像正一點一滴地記錄著時間，時間的流動彷彿在告訴我生命正在穩步向前。在死亡的國度裡，我找不到任何時間的憑證，沒有心跳、沒有呼吸，一切沒有所謂的節奏。現在所有事物都隨時間動起來了，我還活著，但生命正在流失。

我看看身體的四周，發現身旁擺放著許多監控生命的電子儀器，身上更插滿了多條的透明導管。玻璃瓶裡的生理鹽水與維生營養液，正透過滴漏方式輸進身體的血液裡。高濃度的純氧從面罩源源不絕地送到口鼻，讓血液的含氧量維持在穩定的高水平。就連膀胱裡的尿液，也是直接經由導管輸送到懸掛在體外的塑膠容器裡。我只要躺在那裡便可同時完成消化、呼吸及排泄等生理工序。

接著，我嘗試挪動自己的身體，可是卻完全使不上力氣。我的四肢被緊緊包裹得像木乃伊一樣，一動也不能動，眼球可能已算是全身最能活動自如的器官了。經過一輪的掙扎，身體到處都是殘留的痛楚，於是我放棄了。

我安靜地躺在病床上，看著天花板上旋轉的電風扇，一圈走過又一圈。

這時，一位中年女護士走過來。「你醒來了，暫時不可以亂動身體啊！我立刻去叫

醫生。」女護士既興奮又緊張地跑離了房間。

「你好，我是你的主治醫師。你已經昏睡了三天，你聽得見我說話嗎？」醫生輕聲地對我說。

我輕輕地點頭回應。

「你知道你是誰嗎？記得發生過什麼事嗎？」醫生繼續問。

「我發生了墜機意外。」可能因為長時間沒說話的關係，我的聲音變得異常的沙啞，聽起來有點陌生。

「你真是命大！從這麼高的天空摔下來，居然還能奇蹟生還。你的四肢受到不同程度的複合性骨折與筋鍵斷裂，但以這傷勢來說，你比任何人都算幸運了。

我們替你進行了多項的外科接駁手術，加上你身上大小的傷口，我能想像你現在一定非常的痛，而這痛更可能會維持好一段時間。你的左手有個小型握鈕，只需輕按一下，嗎啡便會從點滴瓶灌注到你的血液裡。嗎啡雖然能有效止痛，但過度使用會使你上癮，性質跟毒品無異。所以必須克制地使用，不要過分倚賴它啊。」

「我真的感到很痛，已分不清痛到底是從那裡傳來。」我無力地回答。

「先好好地休息，你的生命力比任何人都強，一定會很快復元過來的！」醫生安慰道。

遺失的拼圖

在臨離開前，醫生仔細地替我檢查所有傷口，他的動作溫柔熟練，像欣賞珍貴但易碎的藝術品一樣。他對於自己的作品，露出了十分滿意的表情。最後他還半開玩笑似地搔了我的腳板數下，認真地問我：「癢不癢？」

我沒好氣地點了點頭，苦笑了一下。

對於意外的發生經過及瀕死時的離體經驗，我有著極其深刻的記憶，能清楚回想起當時的每個景象。但之後的搶救過程，我只有大概的印象及一些零碎的片段，許多細節也記不起來。就像拼圖的中央，有幾個小塊散落了，記憶畫面無法順利的連接。醫生解釋說，這是常見的腦震盪後遺症，大多只屬短暫性的。

接下來的數天，醫生和護士們早晚都來替我檢查傷口、量度各項生理指標，以及注射消炎抗生素等。醫護人員十分用心地照顧我，但他們有一個奇怪的習慣，就是很喜歡搔癢病人的腳板，就連探病的朋友們，也都這樣跟我鬧著玩。

可能是這裡的一種另類文化吧，像打招呼或握手一樣。

有一次，我終於忍不住向其中一個朋友詢問，為什麼會有這樣奇怪的習俗？

「你不知道我們在做什麼嗎？這不是什麼奇怪的文化啊，我們都在擔心你的右腳……」朋友欲言又止。

「我的右腳怎麼了？」我不解地問。

「你忘記了送院時醫生的建議嗎？你腳踝的血管都斷裂了，醫生本來是要動手術替你切除的，只是你寧死也不同意，後來你因失血過多昏過去了。」朋友說。

「要切除我的右腳？怎麼我沒有任何的記憶？」我木然地重複著。

「因為當時你是清醒的，所以醫生只好遵循你的意願，用鋼釘把整個足踝關節硬接回去。但醫生早已表明，如果血液沒有順利流通，一星期以內組織還是會衰敗壞死，到時候只得把整個右腳腳掌切除，今天剛好就是手術的第七天了。」朋友們一片死寂。

原來我出現了選擇性失憶現象，這並不是什麼腦震盪的後遺症，而是潛意識自我保護機制的一種。當遇上重大的危難或傷痛事故，身心快要到達崩潰邊緣時，潛意識便有可能啟動這壓抑機制，把驚嚇傷痛的記憶強行埋沒消音，以保護心理系統的正常運作。

我的那段記憶線路被切斷了，所以一點印象也沒有。

其他人見我絕口不提這事，也不敢特別詢問，只默默地等待檢查結果。醫生與護士們每天都在做知覺與溫度的檢測，根本就不是跟我鬧着玩。

就在這個時候，醫生拿著厚厚的檢查報告進來了。他小心地翻開包紮用的紗布與繃帶，逐一按壓我右腳的每一個部位。我的心臟發出巨大的心跳聲，不受控般劇烈地跳動著。

「真是奇蹟！你的腳踝與腳掌完全沒有壞死的跡象，血液好像從什麼神祕的管道流過去了。你的生命展現了一個又一個的奇蹟！」醫生托一下他的眼鏡露出驚嘆的表情。

「雖然你的右腳是保住了，但接下來的康復治療，恐怕比你想像的要艱鉅得多。你必須做好心理準備，因為這將是一場漫長且孤獨的戰爭，更可能是一輩子的戰爭。我希望你可以堅強地克服過來，再一次給我們展現生命的奇蹟。」醫生寄予無限的支持。

「有時候，醫生的信念，也是靠病人的奇蹟來支撐的。」

第二章　回家

給哥哥的電話

如按照原定的行程計畫，我已經完成飛行訓練了，今天應該準備啟程回家，但回家彷彿已變成一件遙不可及的事情。我並沒有即時告訴家人我的意外受傷，因為不想讓他們擔心害怕，也許等身體狀況穩定後再說吧。

從小到大，我都習慣自己一個人面對問題，根本不懂得如何跟別人一起共渡難關。因為我相信，自己的問題只有靠自己才能真正解決。

在受傷的第八天，身體出現了一些緊急狀況，我開始發起高燒。因外科傷口太多，一時間還不能確定感染的源頭。痛楚加上高燒，我整個人很快開始虛脫。我硬撐著身體，打了一通電話給哥哥，因為想給哥哥一個心理準備。如果我真的離開了，至

少需要一位家人替我處理所謂的身後事，爸媽年紀大了，哥哥是這世上唯一的選擇。

在電話裡，我只簡單交待自己在紐西蘭飛行時摔倒受傷，會在當地多留一會休息。我要他不用擔心，騙說只是醫院的例行家屬通知而已。哥哥本想追問下去，但都被我敷衍過去，急急掛了電話。

那時候，哥哥剛好停職攻讀會計碩士，本來在澳洲過著寧靜的學生生活，被我那通突如其來的長途電話打破了。哥哥收到電話後心裡感到非常不安，之後再也沒辦法跟我聯絡上。他感到一定是發生了什麼不好的意外事故，否則以我的獨立個性，是絕對不會做這樣的例行通告。

他到處查問，最後竟在網路上找到這樣的一則新聞：「一個香港青年在紐西蘭駕駛滑翔機時，發生罕見意外。飛機在一百多公尺的高空失控墜落，青年奇蹟生還，但身體多處骨折情況嚴重。中國領事館人員前往探望，還嘉許中國人有摔不死的精神……」

雖然報導並沒有附上傷者的名字，但哥哥一眼便看出我是那名「香港青年」，這可能就是兄弟間的感應吧。哥哥得悉我的意外後，當天便趕緊從澳洲飛來。

醫生開始替我輸血，把強力的抗生素注射進我體內，監控生命的記錄儀器也全亮著，整個加護病房的溫度瞬間升高起來。但沒多久，我便進入半昏迷的狀態。矇矓間，我好像看見了哥哥。他站在我身旁，默默地在哭泣。我彷彿聽到哥哥在跟我說話，但已分不清這是真實還是夢。

「我是來帶你回家的。」

雖然安然渡過了最危險的時期，但正如醫生所說，這不過是一個開始。往後的幾天，高燒逐漸減退，感染情況被控制下來，血液裡的白血球數量也恢復到可接受範圍。

親人的味道

哥哥整天都留在醫院裡，白天負責照顧我的飲食起居，晚上就睡在病房的椅子上。雖然醫院每天定時供應三餐，但都是些味道單調的西式食物，加上我完全沒有食

慾，算起來已經超過十天沒有進食了。

「醫院裡的食物也夠難吃的，不要說病人，就連正常人看見也沒胃口。」哥哥吃了一口我的魚柳午餐。

「在雪梨唸書時，我一直在一間華人餐館打工當兼職，那裡的廚師是一名六十多歲的移民華僑，我跟他非常熟稔。這兩年間，我學會了烹調很多的中國菜式，你想要吃什麼嗎？」哥哥問。

我跟他說，我不需要任何食物，點滴瓶裡已經有足夠的營養液，我想要的就只有嗎啡而已。

但哥哥並沒有放棄，他每天早上都跑去唐人街市場，買來新鮮的食材，再借用我朋友家的廚房烹煮。雖然我不吃，但他還是堅持為我準備好吃或對病人有益的食物，不管是漢堡牛排或是粥粉麵飯……只要我願意吃就可以了。

在第十二天的晚上，哥哥又從唐人街那裡買了一些乾麵條回來。

「這款中國麵條非常好吃，是餐館廚師的最愛，很少可以在國外買到的。這麵條一定要即煮即吃，口感爽滑幼嫩，你一定會喜歡的。」

說畢，哥哥不知從那裡弄來一個電磁爐，放在我的床底下，開始燒水煮麵。由於病房設有火警偵測器，他只好蹲在地上，躲躲藏藏地一面搧走蒸氣，一面攪動麵條。

「不要弄了，等下給發現就麻煩了。加上在病床下煮食也不太合衛生吧！」我嘗試勸阻哥哥。

「不怕的！而且我有洗乾淨手啊，煮熟不會有問題的。」哥哥沒有理會我，繼續專心地煮麵，小心算準時間，怕麵條老掉失去彈性。

從我躺著的地方，隱約可看見一絲絲的水蒸氣從床下飄上來，水蒸氣夾雜著麵粉的淡淡香氣，充斥了整個房間。我們像處身一個虛幻的空間，回到小時候一樣，正偷偷背著爸媽做著不對的勾當，但此刻我們的角色卻對換了。一直以來都是哥哥當好人，我當壞分子的，總是我在教唆他做壞事……

過了不久，哥哥興奮地站起來，把麵小心地端到我面前，他的額頭還冒著豆大的汗。

我看著那碗麵，不敢正眼看著哥哥，心裡突然湧起一陣陣的酸楚。那種酸痛比起當時身上的傷口還要難受得多，不管按下多少次止痛劑的鈕，還是無法抑制那種感覺。

我終於張開嘴巴，把麵條一根不剩地全部吃光。我根本不知道麵條是什麼味道，我嘗到的是家人的關愛與痛心。

然後，我對哥哥說：「我們一起回家吧。」

再度飛翔

從那晚開始進食以後，我的身體恢復速度明顯加快，再沒有出現感染、發燒或其他不穩定狀況。我向主治醫生提出盡快回香港的要求，醫生再三勸我留下，因我的意外醫療保障只適用於當地，一旦離開紐西蘭，醫療費用便需自行負責。

「你仍需要接受其他外科手術，加上長時間的復健治療，醫療費用將十分龐大。你考慮清楚了嗎？」醫生一再提醒。

「這裡始終不是我的家，我也不可能讓哥哥一直待在這裡照顧我，所以我還是選擇回去。」我去意已決。

由於我的堅持，醫生也只好盡量配合。終於在意外一個月後，我的身體狀況達到了乘坐長途客機的基本要求。明天，我便能與哥哥啟程回香港了。

離開前，我逐一向曾經照顧我的醫護人員道謝，還開玩笑說，康復以後要來好好探望他們。我乘著救護車直接從醫院到達機場，在一名醫護人員的陪同下，經由特別通道登上航機，完全省卻了安檢及出入境審查等繁瑣程序。

這是我意外失事後的第一次飛行，

我獲安排坐在商務艙的最前排位子，醫護及空服人員花了很大的力氣，才順利把我從輪椅移到座位上。醫護小姐開始替我做起飛前的身體檢查，她手上拿著長長的檢查清單逐一核對，首先量度心跳、血壓、體溫、血氧含量作記錄，然後確保每個受傷部位都已穩妥固定，在作好的事項旁邊一一加上剔號。

一切都準備就緒，最後是扣上座位上的安全帶，我聽到清脆的「咔嚓」一聲。

然後，我看見自己正坐在滑翔機的駕駛艙裡。

「控制塔台，PW5；起飛前安全檢查。」

我擺動控制桿，觀察副翼的移動狀況；踩上左右腳踏，檢查尾舵的操控；高度

計、速度計、風速計、平衡儀……

「控制塔台，PW5：起飛前安全檢查 Completed。」

「控制塔台，PW5：跑道清理 All Clear。」

「PW5，控制塔台：跑道清理 All Clear。」

同一時間，機長正進行起飛前的最後廣播。

「你還好嗎？是不是身體不舒服？要準備起飛了。」醫護小姐緊張地問。

「只是有點累。可給我一條熱毛巾嗎？」我把熱毛巾敷在臉上，緊密閉上眼睛，嘗試把自己從即將出現的恐怖回憶拉回來。

「我知道你是因飛行意外而受傷的，所以這趟飛行可能會觸及你的傷痛記憶，令你出現波動的情緒。」醫護小姐解釋。

「你是說創傷後壓力症候群 PTSD。」我回答。

「忘記了你是心理學專家。但如有需要，我可以給你鎮定藥物的。」醫護小姐顯得有點擔心。

「不用了，這心理關口我早晚要衝破的，但我希望用自己的意志去克服心裡的恐

懼害怕，而不是藥物。」我婉拒了。

「我相信我可以，飛翔。」

民航機開始在跑道上滑行加速，而我的心臟也跟著加速跳動，血壓迅速地冒升。我努力地調整呼吸，穩定自己的情緒，因為我也要準備自己意外後的首次飛航。我選擇了再一次勇敢面對飛行，而不是逃避。

「控制塔台，PW5；準備起飛，請求批准。」

「PW5，控制塔台；批准起飛。」

絞盤的馬達開始滾動，連接滑翔機的繩索快速拉動起來，PW5 瞬間在跑道上加速奔馳，速度表上的指針正迅速攀升。

民航機正飛離跑道，我同時把控制桿往後拉動，PW5 隨即飛離地面緩緩地向上爬升。我踩動左腳踏，擺動尾舵，平衡左面吹來的強勁側風，飛行高度計的顯示為一百一十公尺。我往窗外看，眼下的紐西蘭鄉村景色依舊美麗。

我成功飛離我的恐懼，我的心也平靜下來了。

枯萎的骨頭

十二小時的航程總算順利撐過了，哥哥如釋重負地說：「我終於把你帶回家了。」救護車早就在停機坪等候，我像稀有動物般被小心搬離機艙，趕緊移送到醫院去。好些朋友一直在急診室等候，看見我安然回來，大家立刻上前擁抱慰問。

「歡迎你回家！」朋友擁著我說。

經過一輪例行檢查，最後被安頓到加護病房裡觀察。

哥哥離開醫院時，已經是凌晨一時多了，可是他的工作還沒有完結。剩下來的，就是如何把我的意外告訴家人，這恐怕是他最難面對的一關。

他好不容易才鬆了一口氣，現在又要帶着沉重的心情回家見父母。他佇立在家門口良久，看著白色的門鈴，怎樣也按不下去。他回想起之前的那通電話，他知道這一聲叮咚將不只打碎父母親的安寧，還有他們的心。

第二天醒來時，我已看到家人一聲不響地站在病床旁邊。

我曾經多次在腦海裡模擬跟父母再次見面時的各種情況，有痛心的責備，有默默

的飲泣，有抱頭的安慰，只是沒有想過會是如此的冷靜平和。他們什麼也沒說，媽媽安靜地在為我準備營養的食物，爸爸低着頭替我預備日常用品。好像對他們來說，這是早已預料的事，現在只是再一次確認罷了。

由於臥床已好一段時間，我身上的肌肉迅速的萎縮，一個一百八十公分高的大男人，現在只有五十九公斤，雙腿的肌肉全消失了，快剩下皮包骨。那時候，我才深深體會到長期臥床的痛苦，生活中的每一項小事都得靠別人幫忙才能完成，自己活像是一個無用的廢人，那種無助與無力的感覺每天都在折騰我。

轉眼間一個月過去了，我的傷勢並沒有明顯的改善，痛楚也沒有舒緩的跡象。主治醫生突然告訴我一個壞消息。

「你最新的檢查報告出來了，核磁共振與電腦斷層掃描同時顯示，你的右腳踝關節出現骨枯壞死的現象，關節的骨骼部分完全檢測不到血液的流通。我們相信是因為當時的複合性骨折，把輸往骨頭的血管徹底破壞了。」醫生像在做新聞播報似地向我宣讀這壞消息。

「可是在紐西蘭時，醫生曾對我說過，我的右腳奇蹟地保住了，怎麼現在骨頭又

忽然枯死？」我難以接受地質問。

「是沒錯，你的右腳掌是保住了，可是我說的是連接腿骨和腳掌的關節，那時候醫生只是用特製鋼釘把斷裂的骨頭強行接合，裡面撕裂的血管是無法以手術連接的。雖然你的病例算是罕見，但像你這樣的複合性骨折，有百分之九十九的病人都會發生這樣的狀況。」醫生像回答試題一般地準確說明。

「那有什麼藥物或外科手術可以治療嗎？」我焦急地問。

「對不起，現階段我們沒有什麼治療可以做。首先足踝的人工關節技術十分不成熟，改善非常有限，我們絕不建議使用。即使施行手術把人造血管植入骨頭裡，所承受的風險非常高，但成功率卻十分低。也許唯一可以做的，就是等待腳踝的骨頭枯死塌陷以後，再把腿骨和腳掌骨接合，但你日後可能無法正常走路。」

「這樣就是說沒有可做的治療，只得等待骨頭慢慢枯死。」我重複著醫生的話。

醫生無奈地點頭，「也許會有奇蹟，那百分之一的例外。」

往後的檢查報告，基本上只是重複這個無可救藥的宣判，我不知道可以做什麼，也不知道在等什麼。之後我收到了一張殘障人士的證明，上面寫著「肢體傷殘」，有效

期至永久。

瀕死獲救後我身受重傷，但大難不死，已算是碰上了生命中第一個奇蹟。我被送到醫院搶救，當時醫生跟我説，我的右足踝關節嚴重損壞，血管已經斷裂，建議我動手術截肢保命。我因為接受不了終身傷殘這個事實，所以拒絕進行截肢手術，之後更因失血過多而昏迷。三天後醒來，我的生命出現了第二個奇蹟——我的右腳掌並沒有出現預期的組織敗壞，得以僥倖保存下來。

現在醫生拿着檢查報告跟我説，我的右足踝骨骼出現不可逆轉的缺血性壞死現象，以現今的醫療技術並沒有任何根治的方法，我被一致宣判為醫療無效。從醫學文獻研究推斷，我的右足踝關節大概可以支撐一年的時間，骨骼隨時間將慢慢枯死敗壞。這情況就如同沒有水分和營養供應的樹幹，最後只有塌毀碎裂的下場，到時候我將不能再以雙腳走路。

原來，我的奇蹟只是一個有期限的奇蹟，就像電影《重慶森林》裡的情節一樣，主角的愛情被貼上了一個保存期限。時間到了，罐頭裡的鳳梨將會變壞，愛情隨之過期；而我的骨頭，亦將壞死。

第三章　一念地獄

孤絕的治療之路

面對這人生的巨大的逆轉，我並沒有輕言放棄。相反，我選擇以更積極的態度，更高昂的鬥志迎接這命運的新挑戰。從小到大，我從未依賴任何人，也沒有受過任何特別的照顧與幫助。我所有的成就、所有的夢想，都是靠自己的雙手努力爭取回來的。所以，我有信心一定可以再次復得失去的東西。至少，我是這樣相信的。

我開始了一個瘋狂的密集復康計畫，但正如醫生之前所說，我的康復比想像的要艱苦得多。既然西方醫療系統已經對我的康復治療宣判無效，那我只好尋求西醫以外的另類治療，我相信世界上還存在很多所謂的隱世醫術，就如同科學並不是唯一的道路，正路不通就走旁門左道，正門旁門都是門，正道左道都是道。

首先從較熟悉的中醫系統開始我的另類治療。經由醫院物理治療部的病友推薦，我找到一位對骨傷非常有經驗的中醫師。這位醫師五十出頭，挺著一個中年大肚，看上去一點都不像經驗老到的中醫師。我第一次到中醫師的診所時還嚇了一跳，他的診所坐落在一個小商場裡，不但地方狹小，設備還十分簡陋，我在門外猶豫了好一陣子，才決定推門進去。

我把我的受傷過程與傷勢詳細地跟醫師說明，將醫生的診斷報告與X光片拿給醫師仔細研判。醫師對我的大難不死感到嘖嘖稱奇，對於我的五臟六腑都沒有受傷更是不可置信。他對我的右足踝及其他傷勢做了詳盡的檢查評估，然後皺著眉對我說：「左膝的韌帶斷裂，與右手腕的複合性骨折都不是大問題，我有信心可以幫你治好，但右足踝的問題，坦白說我並沒有把握，只能盡全力嘗試。我不希望給你虛假的希望。」

「只要有一絲希望我都不會放棄。」我並沒有感到失望。

「你不是一個普通病人，天生生命力十分頑強。我有一帖治骨枯的家傳祕方，曾經幫助過一些患SARS的骨枯病人，雖然你的情況有點不一樣，但或許真的會有奇蹟出現。」醫師恢復他一貫的笑容。

其實醫師的答案早就在我意料之內，但我喜歡醫師的坦白與真誠，所以我決定讓他替我治療。我的治療包括了針灸、草藥熱敷、中藥服用與手法治療等，每次治療最少得花上三個小時。起初我一星期會接受一次中醫治療，醫師總是一邊耐心替我治療，一邊給我支持鼓勵。一個月下來，治療便得到一些令人鼓舞的進展，特別是在消腫與清除瘀血方面，那些難纏的紫黑血塊在受傷部位逐漸消散，右足踝的痛楚也稍有舒緩的跡象。這些改善讓我對康復重新燃起新的希望，使我對中醫治療採取更積極的態度，治療次數也增加至一星期兩次。

同一時間，我也加強了物理治療的深度與次數，除一般紅外線、電磁波等正規儀器治療外，我亦自願接受能量較強的脈衝短波治療試驗。為了增加受傷關節的活動幅度，我特別請物理治療師替我進行高強度的手法治療，以外加的壓力強行伸展僵直的關節，感覺就像接受酷刑一樣，汗水與淚水都在這短短的數分鐘不停湧出。這種激進的治療伴隨了極大的痛楚，只有極少病人願意採用，但我還是一次又一次地求復健師替我進行。

中醫與物理治療的初期成果很快得到體現，受傷部位的活動幅度顯著提升了，萎縮的肌肉也得到適度的強化，這讓我對康復變得更有信心，我相信以我的鬥志與恆心一定

可以復元。為了加速達到以雙腳走路的目標，我為自己重新編排了一個更完整的復健計畫，除了一星期進行各兩次的中醫與物理治療外，我多加了一次氣功的活血治療，再加上每天的肌肉強化運動與藥膳食療，我的生活簡直排得密密麻麻，比從前更忙碌充實。

一個月的高密度復健治療，就在我的堅持與毅力下熬過了，雖然成績沒有之前理想，但總算正朝著康復的光明大道前進。即使身體出現吃不消的感覺，但很快就被高昂的意志力成功地克服過去。治療的瓶頸很快在高密度治療的第二個月出現，早期令人鼓舞的康復進度開始停滯不前，不論是痛楚控制、關節活動幅度，或是骨骼癒合，都沒有任何明顯的改善。雖然我有點失望，但並沒因此放棄或怠慢，相反地，我表現得更積極、更強悍，試圖突破這道治療的關卡。我那不服輸的性格，不知不覺滲進了我的治療計畫裡，我正以此生最激昂的鬥志與命運較勁，企圖以我的努力改寫這傷殘的結局。

就在我苦無良策的時候，我的身體突然做出了反撲。剛經歷重大創傷的身體，本來已經變得十分虛弱，正需要大量的休息以恢復元氣，但我不服輸與激進的性格，再一次把我的身體推進崩盤的邊緣。因操勞過度，多處肌肉都受到不同程度的拉傷勞損，現在就連呼吸進食都感到痛楚困難，更遑論進行任何復健治療。

我再一次被送進醫院，醫生替我檢查後，勸戒我短期內暫停所有治療，讓身體休息復元。我只好再一次躺在病床上，全身動彈不得，完全使不上任何力氣，就像剛受傷時的模樣。

我看著頭頂上的白色天花板，感到一陣無奈與無力，好像辛苦地走了一圈，最後又回到原來的地方，哪裡也去不了，什麼也沒改變，我的生命不斷在原地打轉。這次倒下的不只是身體，連我的信心也徹底動搖了，我從當初相信自己，慢慢掉進懷疑自己的陷阱。

長達四個多月的堅持與奮鬥，我累了，想放棄了。我感覺自己是在垂死掙扎，就像屠場裡待宰的一頭牛，一直在亂衝亂撞，以為可以逃過屠夫的利刃，但其實一切盡在屠夫的掌握之中：先讓瘋牛抱有最後一線希望，當牠花光所有力氣後，便會乖乖地引頸就戮。那時候的我，已經感到極度的疲倦與氣餒。

壓碎身心的最後一根稻草

一星期過後，我的身體慢慢恢復，但為了避免再發生相同的情況，我被迫暫時放

下計畫性的復健治療。就在我最苦惱的時候，忽然從朋友口中得悉一位隱世神醫，這個消息正好為我尋找的另類治療帶來另一個希望。

據說此神醫具有特異功能，治病從不用藥，不但能以肉眼透視病人的身體內部，準確地說出生病的部位與狀況，更能以念力為病人隔空治療，瞬間把病患治癒。神醫曾經為不少達官貴人看診治病，並有許多紀念合照為證，但這名神醫長居大陸，只偶爾到香港來，且必須經由熟人介紹預約才能得見。

其實受傷以前，我也曾聽說過許多所謂神醫、奇人的傳聞，但絕大部分都只是騙人騙錢的伎倆，作為專業心理學家的我是絕對不可能相信的，怎麼說自己也是受過高等教育、相信科學的人。但沒想到禍事臨門，我竟然選擇相信這種荒誕之說，我自己也感到不可思議……人到絕路，只要身旁有什麼可以緊抓住的都不會放過，哪怕只有萬分之一的機會，哪怕十之八九都是騙子。我也弄不清這叫做「相信奇蹟」還是「渴望奇蹟」。

在朋友的幾經安排下，我終於在一間五星級飯店的房間見到神醫。神醫年約六十，體型瘦削，身穿一襲唐裝，看起來像是修道的讀書人。我一進房間，神醫便先

請我的朋友離開，然後一言不發近距離地對我上下仔細打量。他只問了我的生辰八字，便口中念念有詞，掐手一算。

神醫對我說：「你命犯天煞，日月年三沖太歲，大禍臨頭，能保住性命已算前世積福，只是你的右腳恐怕難以復元。」

雖然我並沒對神醫說明我的意外經過與傷患狀況，但只要細看輪椅上的我，不難發現我的右足踝出現了嚴重問題，所以我決定再試探一下神醫的功力。

「那我的右腳到底出了什麼問題？為什麼久久未能癒合？」我裝傻地問。

「你的右足踝關節經絡盡斷，已經廢了，不能再走路。」神醫看著我的右足踝說。

「那可以把經絡接回嗎？我還很年輕，不想就這樣終身殘廢。」我求神醫把我的腳治好。

「這得花很大氣力，且需看你跟祖師爺的緣分。還有，這收費可不便宜，因治療後要替你祈福消災解厄。」神醫面有難色地說。

神醫說治療必須連續進行三天，但光是一次治療就已經要上萬港元的收費，之後的祈福更得另外計價。我問神醫可否先治療後祈福，因為我沒有這麼多現金。神醫最

後勉強答應，開始以念力替我隔空治療。他不時口中念念有詞，並對我的右足踝比手畫腳，我感到右足踝有點灼熱的感覺，但除此以外並沒有其他特別之處。治療大概十分鐘後結束，於是我便離開。

之後的兩天，我依約到飯店找神醫，房門外已經有好幾位病人排隊等著。神醫以昨天相同的方式替我治療，每次治療時間也不超過十分鐘。當完成第三次治療後，我問神醫經絡是否已經重新接回？什麼時候可以重新走路？

神醫回答：「腳基本上已經治好了，但筋骨破損得休養上百天，最終能否走路還得看祈福的結果。」

神醫催著我盡快把錢匯到大陸的一個戶頭，收到款項後立即替我進行法事。翌日，神醫便離開香港，返回大陸。

對於神醫的治療，我心裡其實是有點半信半疑的，特別是祈福的部分，總覺得像是一場騙局，所以一直沒有匯款過去。後來我到中醫師那裡做針灸治療，醫師看我心情忐忑，我只好把神醫的事說出來。醫師聽後搖搖頭說我應該是被騙了，他之前也從其他病人口中聽過類似的經歷，但可惜沒有一個是真的。

「會找這種神醫的病人，都是到了病急亂投醫的地步，尋遍各式各樣的偏方治療，所以即使最後病患痊癒，也難說是這些怪力亂神真的奏效。但即使沒效，這些神醫也可推說是個人業力或命運鬼神的造弄。」醫師苦口婆心地說。

「其實我心裡也是這樣想的，所以才忐忑不安。」我坦白地承認。

「雖然我不否認世界上真的有隱世神醫，但能擁有這樣異能的高人，應該都是濟世為懷，而不是恃才斂財的。你遇到的可能只是一個懂得算命的氣功師父，其實你已經做得很好了，相信自己遠比相信別人重要。」醫師最後安慰我說。

「只是我不知道該如何再相信自己……」

我不但懷疑自己所堅持的信念，信心也逐漸動搖崩潰。

掉進黑暗地獄

失掉信心以後的我，不僅對治療提不起興趣，對身邊所有事情也開始視若無睹，

好像這世界的一切已經跟我毫無關係，我不再需要這個世界，這個世界也不再需要我了。我只要定時吃飯，定時睡覺，好好等待命運的降臨就好了，反正我什麼也改變不了。

我的情緒開始出現問題，或是長期壓抑的負面情緒終於失控爆發。

我的情緒變得比以前更煩躁不安，有時候我內心突然翻起無明的憤怒，不停地咒罵上天，或抱怨自己身體的不爭氣。有時候一陣恐懼來襲，我害怕前半生的努力都只是徒然，更害怕想到以後的人生。

我逐漸跟我的身體疏離，我不喜歡別人提及我的傷患，我盡量減少觸碰我的雙腳，可能的話我寧願躺下來睡覺，或是觀看一些不用思考的無聊電視節目，殺死生命中多餘的時間。

有好幾次，我拿起尖銳的小刀刺向小腿與腳掌，以痛的感覺確認它們的存在。有時候痛的感覺變得模糊，我只好把小刀用力刺進皮膚，直到看見紅色的液體流出，才得以確認我的意外是真實的。

最後我跟自己的內心也疏遠了，我害怕完美的自己被人遺忘，害怕接受往後的不

完美。我陷入了極度的迷失，我不停在問：「我是誰？」

我彷佛和以前的我再也沒有共通點，我甚至和現在的我也找不到共通點。其實愚蠢的神醫事件，並不是壓死駱駝的最後一根稻草。不如意的事並沒有因此而結束，反而只是厄運的開始。上天像是考驗我的能耐，繼續從生命中奪去我所擁有的一切。之前在投資市場賺到的豐厚金錢，被一個錯誤的決定吞沒殆盡，龐大的醫療開支更為我造成沉重的生活負擔。我在紀律部隊的前途，也因這一次受傷而劃上句號，我變成了一個各部門都不願收容的傷殘冗員。就連交往三年多的女朋友，也在我人生最失意的時候離我而去。

三十年來累積的所有成就，就這樣一瞬間消失殆盡，現在的我，是真正的一無所有。我從意外前的人生高峰突然墜入意外後的幽暗低谷裡，我像是戰敗的傷殘士兵，徹底地被擊倒了。不只是身體，還有我的信心，長久以來的自信終於崩潰瓦解……

最後讓我倒下的是「不再相信自己」這個事實，我已經陷了真空狀態，什麼也不是、什麼也沒有。我曾經努力反抗，曾經拒絕投降，現在敗下陣來也無話可説。我每天看著日出日落，殺死多餘的時間，磨掉多餘的人生。

每當看到窗外偶爾飛過的小鳥，我感到一份莫名的諷刺。對於自己的遭遇，我感到憤怒不平；對於自己的無能為力，我變得沮喪悲哀。一次又一次地，為了一些瑣碎小事對家人發脾氣；摔破東西的同時，也撕碎了彼此的心。我真希望能安靜地死去，睡著以後便不再醒來，免得自己與所愛的人同受煎熬，這樣的結局對所有人來說應該是最好的。

我患上了嚴重的憂鬱症，不只身體傷殘，心靈同樣殘障。我感到走投無路，我絕望了，死可能是我唯一的最後解脫。

那時，我常做著同一個夢。我看見一隻逞英雄的蟑螂，牠拒絕被趕出廁所而極力逃跑，由於牠的存在與外在環境極不協調，只好一直隱身在黑暗裡；雖然牠沒做錯事，有一天卻被人用力地踩在牠的尾巴上，蟑螂只好自斷身子，拖著前半截身體離去。牠能做的只盡力去配合外在處境，不僅得接受自己的命運，還得嘗試去理解它。蟑螂看著自己被螞蟻吃得只剩空殼的下半截身體，透過這個被吃空的軀體去觀看天空，在這猥瑣的世界裡繼續無知無覺地生存。

醒來時我跟上天說：「殺了我吧，否則你就是個兇手。」

第四章　一念天堂

從媽媽眼睛學轉念

在我身邊眾多的親友裡，媽媽可能是最能面對現實的一位，從她知道我的不幸起，她一直以一顆平常心去面對並接受我未來可能出現的傷殘。

對於我開始採取的激進態度，她並沒有說什麼，只是默默地表示支持，像是對我說：「去吧，孩子！做你所想做的事情，堅持你所信仰的，我都在你的背後支持你。」到後來我消極放棄，她也沒焦急責罵，沒給我半點壓力，像是對我說：「沒關係，累了便休息吧，無論你變成怎樣，都是我的孩子，我都在這裡守護著你。」

有時候，媽媽像是躲在我身後的幽靈，只要我有任何需求，隨便的一聲呼喊，她便立即在我面前出現。她甚至還沒等我開口，已經準確地把我想要的東西奉上，我懷

疑她一直默默地站在我背後，進行各式各樣的監視觀察，確保我不會逃離她的掌控之中。這讓我想起受傷前的警務工作，探員總是埋伏在街裡的暗角，或是假裝成買菜的路人，實質是暗暗監視著嫌疑犯的一舉一動。

媽媽那種無聲勝有聲的支持與鼓勵，在那時候給予我精神上莫大的安慰。這可能就是母親對兒子無條件的愛，不管面對順境或是逆境，總是能豁達地接受，默默地支持與守護。

她讓我慢慢明白，其實不是世界不能接受我，而是我不能接受並面對自己的不健全。不論我的積極還是消極反應，都只是反映我對傷殘事實的不能接受，因而做出的反抗與逃避。

當時，媽媽對我就只有一個請求：「兒子，每天讓我推輪椅到公園裡坐坐好嗎？」

我看著媽媽，一時間竟說不出話來。面對媽媽那像是卑微的請求，我內心湧來一份深深的歉疚……

我只好轉個身背對著媽媽，冷冷地點頭答應了，表現出一副不耐煩的樣子。但其實我只是強忍著淚水，哽咽得說不出話來。

所以在完全放棄治療後，到公園閒坐變成我生命唯一的活動，我安靜地在那裡等待多餘的時間流逝。這是我受傷以後首次真的停下來，什麼也不想，什麼也不做地安靜坐著。

有時候，自己像沒焦點般坐著發呆，默默盯著同一片花草良久，腦袋心思都像被陶空似的，然後慢慢忘記了時間，忘記了自己是誰。這有點像催眠時的出神感覺，把自己的意識跟身體分離，讓我回想起瀕死時的出體經驗。我開始習慣以這種抽離方式觀看這個公園，不帶任何個人的價值態度，沒有任何的觀感評價，只是單純地在「看」而已。

我盡量保持一種平靜的心情，雖然沒有感到快樂，但也不讓自己故意不快樂；雖然沒有喜歡自己的身體，但也不特別討厭與抗拒它。

不知道為什麼，我越是無聊地看，心境越是平靜，我感到整個身體都靜下來了，就連呼吸心跳也明顯慢下來。然後世界開始變得寧靜起來，馬路的車聲與公園裡的人聲逐漸遠去，我只聽到自己像風的呼吸聲。再來是情緒的消失，我不再感到哀愁或憤怒，也沒有喜悅或快樂，心裡只感到十分寧靜。

我喜歡選擇有太陽的地方，被溫暖的金色陽光所包圍，讓我有被接受與被愛的感覺。這時候，我才赫然發現自己像回到瀕死經驗裡！原來，我一直無意地想要在現實世界裡尋找或複製瀕死時的那份超然感覺，因為我想再次回到瀕死時的和諧與平靜。

從小孩眼睛學轉念

坐在輪椅上，我好像忽然回到小時候，身高從一百八十公分縮小至不到一百公分，每天只呆呆地盯著這片不起眼的大自然風景。雖然我所看到的寬度跟深度比從前狹小，視野更只有以前的一半，但是當換了一個高度重新看世界時，我反而看到非常不一樣的奇怪景象。每當我靜心細看這片孤獨的小公園，我便發現城市人的生活跟這大自然有多麼不協調。

這裡不論花草樹木或是飛禽走獸，都各自有它們的作息規律與生活節奏，像花開花落、風吹雲動、日轉星移，萬事萬物都有著它們的步伐。在這片被遺棄之地，我

找到了風的節奏、雲的節奏、動植物的節奏——這些不同的旋律共同譜出了大地的節奏。更奇妙的是，即使各自有不同的節奏，卻能共容地編出一首和諧的大自然之歌。

唯獨我自己，好像不屬於這幅大同畫面，因為我沒有找到自己的節奏。從前的我，總愛把生活排得密密麻麻，不是跟別人在比拚，便是跟時間賽跑。我所謂的生活意義就是在最短的時間裡，完成最多的事情，讓生活過得比別人充實，讓我活得比別人精采，於是我開始趕著工作、趕著學習、趕著玩樂，就連吃飯、休息也都在趕著。

當我習慣了追趕的節奏後，我再也分不清到底是我在追趕生活，還是生活在追趕著我。但如今我再也不能走動，就連繁忙的治療也放下了，每天擁有用不完的時間，可以閒適地好好坐著，這時才發現，原來自己從沒有認真地看過這世界，沒有踏實地經歷每個當下，不管是大事、小事，或是瑣事；不管是重要時刻、休閒時候，或是無聊時間，我都沒有真正地活在當下。

我竟在一處毫不起眼、從前每天疾步經過的小公園裡，看見這重要的生命訊息。我再次安坐在輪椅上，以小孩的高度看事物，以老人的速度過生活時，我從大自然世界學懂何謂生命的流向與節奏。原來只要換一個高度看事物，學習以小孩的眼睛看世

界，便能看清事物的本質。

面對大自然，我終於明白所謂的生死有時、命運無常。生命不停地在循環流動，沒有一刻是靜止的，既沒有開始也沒有終結，在這無常幻變的背後卻是恆常的秩序。面對命運無常，大自然萬物都能坦然求生存，沒有執著好或壞的將來，就只有認真接受當下的現在。萬物跟自然世界是一體和諧共存的，每個生命就是一個世界，正是一花一世界，一葉一蓬萊。

只是人卻永遠抱著二元對立的思維，一直想要改變世界，操控未來。而我，卻不曾接受自己不完美的軀體，拒絕容許存有汙點的人生。但家人無條件的接受與關愛，以及大自然不斷在我眼前所展現的無常與和諧，讓我逐漸找回一顆平常心，並再次領悟到人生的大覺醒。

其實轉念的方法很簡單，只要懂得把自己從自我世界中抽離，改換不一樣的目光用心觀看大自然世界，你便能看破過去的命運，看穿意外與疾病的意義，以及看見離開困頓的方法。

當我明白這個道理後，我整個內心都敞開來了，我以前總是跟命運對抗、與生命

較勁，其實我應該學習跟生命共容，跟命運和諧共處。這段時間裡，我真正接受了自己的不幸，腳傷可能永遠也不能復元的這個事實，我選擇接受，因為生命本來就是無常，生老病死不是單靠意志便可以打敗或改變的，這本來就是生命的一部分。

面對這無常，我最後找回了一顆清明的平常心，重新得到一份安寧與自在，即使我以後再也不能走路。這種單純的接受，並不代表我喜歡或是認同我的遭遇，我只是接受生命是無常這個事實而已。我開始學習跟自己的身體溝通，傾聽自己內心的聲音，嘗試了解受傷部位的痛苦，給予它們安慰關心，好好接受它們。

建立心理療癒室

意外後的第五個月，我開始習慣與受傷的軀體共處，對自己行動不便這事實亦學會安然接受，沒有之前抗爭的情緒，心境反而平靜自在。身旁的人都覺得我在放棄治療，在消極面對人生，但其實他們都忘了，我的傷從一開始便已經被判定是不治之症。

「不能醫治」不就是說明：沒有所謂積極或消極的治療嗎？因為治療這個東西根本就不存在。只是一直以來，我不願意接受這個殘酷的事實，但現在好像變成是我身旁的所有人，不習慣我接受這個事實，希望我能繼續創造下一個奇蹟。除我以外，「不能接受現況」的到底還有誰？

我慢慢發現另一個事實，原來一個人發生傷病，不單純只是一個人的事情。當你生病時，身邊所有的人也同樣被感染，一起生病，只是他們的病徵跟你的不一樣而已，病源還是相同的。

所以真誠地接受與面對，尋回一顆平常心，才是治療的先決條件。當我的身心再次合一，我像找回了自己遺失的智慧，開始從悲劇裡的絕望者角色脫離，並以自己的心理專業，開始我真正的療癒之路。

原來，我的治療還沒有真正開始。

我要從悲劇中脫離傷病者角色的迷思，轉變成擁有生命主動決定權的治療專家。因為事實上，我就是一名專業的認知心理學家，我研究人的潛意識與夢境語言，並擅長心理的催眠、分析、諮商與治療。我並沒有特定的宗教信仰，也不迷信科學，我所

相信的，是生命的無限可能。我開始不停地去思考生命發展的可能性，並重新啟動長達半年的自救治療。

我發現在實際生活中，每次我到醫院看診時，我的身體就像被分割成許多不同的部分，然後按病況被分派到不同的專科部門。例如，右足踝的骨枯由骨科負責，左膝韌帶的斷裂屬運動創傷科處理，骨枯所引發的長期疼痛則交由痛症專科照顧，憂鬱症被歸到臨床心理科等等。

每一個專科都各司其職，專責處理所屬範疇的問題——這種專科系統即為現今西方醫療制度的普遍模式，對單一病症的患者確實能提供高針對性的專業治療，可是當面對同時具備多種病症的患者，這種各自為政的體制，卻會嚴重忽略了病人整體性的需求，畢竟人體並不是各器官獨立運作的，而是互相依賴、互惠互存的一個整體。有時候，因為缺乏了統一的決策與監控，專科專屬的制度更出現了互不協調的局面，這不但使得治療成效受到影響，更讓患者無所適從、呼救無門。

有鑑於此，我開始以自身所擁有的心理學專業，在潛意識裡虛擬了一所綜合性的心理服務中心。這中心其實是以現實生活的心理診所為模式，並總結自己過往的諮商經

驗所建構而成，能提供不同範疇的心理專業服務。我以催眠的技巧走進自己的內心世界，並給予自己有效的暗示，把自己有系統地幻化做不同的心理學專家，在不同的階段、以不同的身分，協助正在重傷病的我，逐一處理身心靈的相關問題。

我將先後幻化成五個不同的心理學專家：心理學教授、心理催眠師、心理分析師、心理治療師，以及痛症治療師。透過角色轉換的方式，助我逐漸走出傷病者的世界，以不一樣的思維來解讀意外與傷患。

在這套「心理專科整合制度」之下，每位分科的心理學專家扮演了互補的角色，並最終融為一體，提供了全面性的治療。透過這個存於內心，極為強大，目標一致，且專屬於我的「醫療團隊」會診，大大提高了自我療癒能力。

首先我要治癒自己的心靈殘障，繼而為我的身體療癒做好準備。

第五章　最強的心理治療團隊

在現實世界中，每當求助者前來諮商時，我都會在不同階段以不同的專業身分，幫助求助者處理相關的心理問題。每次替求助者進行任何治療前，我會先向他們講解相關的心理學知識，一方面清除他們既有的謬誤與不切實際的期望，同時讓他們對心理健康有更深的認識，並對即將進行的治療有更清晰的了解，這時我就好比一個心理課堂上的教授。

但現在我卻變成了一名不折不扣的患者，不但完全墮進了心理殘缺的世界，更徹底喪失了心理學專家的身分與能力。我以催眠的技巧到達潛意識的綜合心理服務中心，首先是要尋找我所需要的心理知識，而教授便是潛意識的一個影像投射，象徵向我傳遞這些相關專業知識的管道（channel）。

在潛意識的世界裡，角色扮演是十分常見的溝通方式，每個角色都富有其象徵意義，不論是透過故事或「對話」向我們傳達訊息。教授只是潛意識所採用的其中一個

人物，接下來潛意識還會按著我的心理狀況或治療需要，出現更多不同的角色人物，而每個角色其實都是我。

這一路發生的所有事情，並不是虛構的故事，都是我在催眠時所看到或感受到的人事物，但是為了讓大家更容易理解催眠和進入潛意識時的情況，我把每個階段的對話與情景展示出來，才會使用這種寫作方式。

做自己的心理學教授

我按了一下門鈴，聽到「叮噹！叮噹！」的兩下鈴聲，我耐心地在外等候著。過了大約一分鐘，並沒有任何人應門，我只好再按一次門鈴，但還是沒有任何回應。我輕輕轉動門上的把手，門並沒有上鎖，我輕易地推開了大門，走進中心裡去，那裡一個人也沒有。

大門後面是一條深而長的白色走廊，兩旁鋪上潔白的瓷磚牆，天花板是一排排的

白色燈管。地面是灰白的合成塑膠地板，地上還留有清潔後的消毒藥水氣味，這跟我在現實生活中進出的醫院有點相像。我沿著走廊慢慢向前行，跟從牆壁上箭頭指示的方向，然後在走廊左邊的第一間房間停下，門上寫著「心理課講堂」。

我禮貌地輕輕敲門，敲門聲在安靜的走廊迴響著，門梁上有一盞綠色的燈亮著，代表我可以進入。

房間的中央有一張寬大的辦公桌，辦公桌的椅子上坐著一位老男人，他的兩鬢斑白，看上去已是個七、八十歲的老頭。他的雙眼炯炯有神，戴著一副金框眼鏡，面容顯得十分祥和。他的身後是一排寬大的書櫃，上面整齊地擺放著各類心理學教科書，他就像是一名充滿智慧的大學教授。

「歡迎你到來，等你很久了。」教授跟我握手表示歡迎。

「你好，我是專程來請教有關心理學知識的。雖然從前我也是念心理學的，但出了意外以後，我的腦袋像空了一樣，那些曾經擁有的專業知識全都不見了。我變成了一個完全的病患，不論思想、情緒與行為，都跟悲劇裡的病患一模一樣。」我對教授道

明來意。

「你不用擔心，這是很正常的。人總是不斷進行著角色扮演，有時候同一時間分演幾個不同的角色，有時候不斷地在轉換角色，有時候不小心地掉進某個角色，被困著掙脫不出來。」教授半帶安慰地說。

「我需要取回我的知識與智慧，變回一個心理學專家，唯有如此，我才可以走出患者的角色。」我請求教授幫忙。

「這很簡單，這全都是你原本擁有的知識，我只是替你找回來而已。」教授讓我想起大學課堂的情境。

「只要能重拾這些知識，我便能找到救回我自己的方法。」我堅定地相信。

「你有否想過人的意識是如何形成，為什麼清醒跟做夢時的自己竟有如此分別？」這是在大學第一次上心理課時教授的問題。

「我記得精神心理分析大師佛洛伊德，曾經把人的意識架構比喻為一座水中的巨型冰山，浮出水面的峰頂稱為顯意識，即是我們平常清醒時的意識狀態。這包括了我們身體的知覺，透過五官五感所接收到的感官刺激。此外，我們當下思想與周遭經歷

的認知，也屬於顯意識的管轄範疇。」我回答。

「答得很好。總括來說，顯意識負責處理人類清醒時的日常生活工作，它喜歡運用邏輯性思考，擅長從事分析工作，為我們做出各項現實生活的選擇與判斷。雖然顯意識看似是我們所知的內心全部，但其實它只占整個內在意識極小的部分。」

「顯意識下面一層稱為前意識或半潛意識，前意識主要承載短暫記憶，像是一些清醒時不以為意，但一下子便能想起的事情，例如昨天所發生過的人和事。只是短暫記憶的容量極為有限，其容量中位數大概平均為七項左右。短期記憶要不就被瞬間遺忘，要不就需透過複述練習，被儲存到潛意識作為長期記憶。」

「就像是電話號碼的長度。」我比喻說。

「深入水下的冰山主體，便是所謂的潛意識。潛意識好比一部容量無限的縮時攝錄機，那裡完整地保存了我們自出娘胎起的記憶，只要能找到有效的索引與路徑，我們便能尋回所有自己曾經經歷過的片刻，那些我們以為已經忘記的過去，都鉅細靡遺地記錄在潛意識層裡。這些長期記憶被潛意識有系統地劃分成不同類別，可以透過不同的索引途徑把它們找出來，如時間、人物、地點等，就如圖書館裡的資料搜尋系統

一樣。」

我回想起瀕死時所看到的無數鏡頭影像。

「除長期記憶外，潛意識亦蘊藏了人的原始本能慾念與情緒。人的價值觀、信念和信仰也是這裡的產物。潛意識一直被認為是人類思想的幕後黑手，真正主宰著我們的外在行為與內在情感。這裡是人類的智慧所在，是所有問題的答案，也是所有問題的根源。但潛意識的開發，現今還不到百分之五，而且我們對潛意識的了解還是非常有限。

潛意識就像神祕的內心聖殿，一般情況下是難以進入，無法深究探索。在潛意識的世界裡，事物常以象徵性的意義存在，例如戲劇的情節和隱喻的圖像，這好比是一種文字以外的獨特溝通語言。」

「正因如此，夢境被視作通往潛意識的大道，只要透過分析夢境，我們便可以得知潛意識在想些什麼、在渴望些什麼。」我補充說。

「那你知道個人潛意識的底層下面是什麼嗎？」教授問。

「人類的集體潛意識，這就像是冰山的底座，是由所有人類共同擁有分享。」我

回答。

「心理學大師榮格曾經這樣寫道：『集體潛意識是一種不可計數的、集千百年來人類祖先生活經驗之大成，一種現實僅僅能增加極微小變化和差異的史前社會生活經驗之回聲。』

其中圖騰便是集體潛意識的一項有力證明，在不同時代不同文化的社會裡，都能找到一些相似的圖騰符號，象徵了人類情感與意涵的替代物，是人類精神文明的濃縮。這些圖騰的意義都是共時性的，像被不同世代的人類所共同擁有，呈現在眾多的宗教與文化儀典上。

舉例來說，眾所周知的十字架圖案，在宗教信仰上是基督教的象徵符號，代表耶穌所受的苦難，為世人帶來的救贖。但十字架符號並非基督教所創，也非宗教所獨有。如在古希臘，十字架代表的是太陽神，在古埃及代表的是生命的賦予，而在現今人類社會則代表著醫療與救援。」

「所以圖騰常被認為具有某種神祕的精神力量，這是因為它集合了人類的共同信念與意識嗎？」我問。

「這是其中的一個有力解釋。」教授點頭。

神祕的催眠術

「接著講解的是催眠術，這應該是你十分有興趣的題目，你好像從大學時代就迷上了這玩意。」教授繼續替我上第二課。

「催眠一詞總給人無限的聯想，常帶著一份神祕攝人的魅力。催眠的英文 Hypnosis 是源自希臘神話中睡神 Hypnos 的名字，傳說中睡神的左手是拿著罌粟花蕾，右手是拿著一隻裝滿液體的牛角。」教授說。

「牛角裡的液體擁有神奇力量，能讓人無法抗拒地進入睡眠。」我聽過這個神話故事。

「在古代催眠現象常跟宗教祭祀、靈療儀式、巫醫或冥想等扯上關係。雖然時至今日催眠還沒有一致的定義，但心理學家認為催眠是一種意境，一種特別的意識狀態，

並常比喻為白日夢的狀態。

其實在日常生活中，我們也時常經驗這種相似的心理狀態，例如：當看書看得入神時，或想事情想到發呆時，好像整個人完全投進了自己的內心世界，這便是由於身體放鬆但精神集中所引發的自然入定狀態。」我回想日常生活常遇到的出神狀態。

「所以催眠是絕對安全與健康的心理現象。」教授補充說。

「當進入催眠狀態（Trance）時，你的意識還是保持清醒，這跟睡眠是截然不同的，你不但可以感知周圍所發生的事物，而且這些感覺有時還比清醒時更敏銳，例如聽到隔壁的對話、電視機聲音，或是嗅到細微的氣味等，這都是在正常情況下不會感應到的事情，除非身體正處於一種高度專注集中的狀態。

當人處於催眠意境時，身體可能出現下列一些常見的表徵，包括肌肉放鬆，淚水增加，眼球快速地轉動（Rapid Eye Movement）、下顎、牙關或舌頭放鬆，嘴唇微微張開，身體感覺溫暖、沉重或完全無法感覺到身體等等。這些表徵只是進入催眠狀態的一些可能提示，出現與否全因人而異，跟催眠程度無直接關聯，所以只能作為參考之用。」

「所以催眠並不是無意識的睡眠，而是一種有意識的自然心理意境。」我答道。

「催眠不等於睡覺，是有意識的深層精神活動。催眠治療之父艾瑞克森（Milton Erickson）更成功地把催眠應用在醫療與心理治療上，使用間接催眠語言和多重溝通，讓受催眠者自然進入催眠狀態，治癒了多種的心理疾病。

進入潛意識的高速列車

如果說夢是通往潛意識的大道，那催眠就是一輛駛進潛意識的高速列車，列車上不僅承載著我們要給予的暗示訊息，還運送我們直達心靈深處，尋找所有問題的根源，並在那裡做出最根本的心理治療。

其實進入類潛意識的方法有很多，催眠只是其中一種被西方社會廣泛應用的技巧，我們也可以透過冥想、打坐、瑜伽、氣功、茶道等不同方法，達到所謂的催眠狀態。重點只是透過不同的技巧把人帶進身心合一的境界，讓人能跟自己的內在思想連線，找到開啟潛意識的鑰匙。」教授繼續說。

「所以，任何可以使身心放鬆、精神專注集中的活動，都是有效到達潛意識的途徑。」我回應。

「催眠可說是一套十分實用的科學心理療法，優點在於其系統化的治療程序，不但理念清晰，而且操作簡易，每個步驟皆有系統性的標準指引程序，讓人容易依照步驟學習。美國精神醫學協會早已對催眠治療進行了幾十年的臨床研究，並已把催眠納入認可的心理治療。

只是潛意識的運作有如一個複雜的自動導航系統，裝有重重的自我保護機制，不容易被入侵與修改。但這不代表潛意識是不可攻破、不能窺探的神祕禁區，只要懂得適當的語言、適當的管道。潛意識喜歡聽隱喻，說暗示與夢話，擅長以說故事的形式向人表達，不喜歡直接告訴人它的需要與不滿。」教授解釋。

「例如當我面對巨大壓力時，常會做一些像是追趕巴士、睡過頭……諸如此類的夢。」我舉例。

「還有，當你面對人生困頓或重大抉擇時，夢總喜歡跟你猜啞謎，以象徵性的事物揭示答案，例如：小鳥象徵自由，墓碑反映害怕被遺忘等。所以學習夢的語言與運

用夢境，就是與潛意識溝通的重要方法。

催眠正好提供了一個既簡單方便又有效的心理方法，不需受過高等的專業教育，最重要的是過程裡絕不會產生任何不良副作用或痛苦。你所需要付出的只是時間與信任，花時間跟自己的身體溝通，了解它真正的需要；花時間跟自己的內心做交流，用心聆聽它的聲音。」

「所以人類真正的智慧與自癒能力，都可能埋藏在潛意識層裡。」我喃喃地重複著。

一般人對催眠的誤解

由於催眠總是披著一層神祕的面紗，舞台式的催眠表演與大眾媒體的過度渲染，造成很多人對催眠存有不真實的幻想，以下就是一些常見的嚴重誤解。

Q：催眠師有特異功能？

A：催眠師跟所有人一樣，都只是普通人，催眠師並非具有特異技能，只要能熟練導入、導出的技巧以及暗示的法則，每個人皆可成為催眠師。

Q：受催眠者無法抗拒催眠師的暗示指令？

A：因為電影與舞台表演的關係，很多人認為在催眠狀態下，受催眠者有可能被迫去做一些違背意願的事，或是透露自己不願意公開的祕密，其實在整個催眠過程中，受催眠者都是在有意識的清醒狀態，可以接受或拒絕任何暗示指令，甚至可以立即從催眠中出來。在催眠狀態下，受催眠者不會被迫做任何清醒狀態時不會做的事或不願說的話。

Q：催眠時會失去意識？

A：即使在催眠狀態下，受催眠者也不會失去意識，或忘記曾經說過、做過的事情，受催眠者在過程中是有意識的，並清楚知道發生的所有事情。其實在整個催眠過程中，受催眠者如果感到任何不適或不安，是可以隨時終止催眠，並立即從催眠狀態中出來，這是不會有任何不良後果或副作用的。

Q：意志力越堅強的人越難被催眠？

A：恰巧相反，意志力越強且精神越集中的人，就越容易進入催眠狀態，只有心理虛弱且難專注的人才難以被催眠。此外，百分之九十九想被催眠的人都可以被催眠成功。

Q：催眠深度跟催眠成效有正面關聯？

A：這只是一種謬誤，許多成效顯著的催眠，都是在淺度催眠狀態中進行的。催眠所需的深度得看受催眠者的狀況，與所處理的事情而定，絕不是越深越好。

第六章　做自己的催眠師

我抵達心理服務中心，大門同樣沒有上鎖，我轉動門把推門進去。我沿著白色走廊慢慢向前行，跟著牆上箭頭指示的方向，在走廊右邊的第一間房間停下，門上寫著「催眠室」。我禮貌地輕輕敲門，敲門聲在安靜的走廊迴盪著，門梁上有一盞綠色的燈亮著，代表我可以進入。

房間中央同樣放著一張寬大的辦公桌，辦公桌的椅子上坐著一位中年男人，頭戴一頂英式紳士帽，身穿一件黑色禮服，配上蝴蝶領帶。他臉上蓄了一撮山羊鬍子，帶著謎樣的微笑，看起來活像舞台上的魔術師。

「Hi, nice to meet you!」像魔術師的男人跟我打招呼。

「你好，我是來重新學習催眠的。」我也禮貌地點頭微笑。

「你為什麼想要學習催眠？」催眠師好奇地問。

「我想透過催眠深入我的潛意識，尋找我的智慧與自癒能力。」我對催眠師說出我的目的。

「這真的很有趣！我最喜歡做有趣的事，這個我可以幫你。」催眠師再次露出他謎一樣的笑容。

催眠的奇幻舞台

「首先為你介紹催眠的奇幻舞台，這是進行催眠時所需要的環境配套。」催眠師開始逐一為我講解。

「我的催眠舞台？」我在想像。

「原則上，催眠是可以在任何地方、任何時候進行，不需要特定的環境配置。所謂的『最佳催眠環境』也只是因人而異，全憑受催眠者的喜好而定。一般來說，環境只要舒適安靜，讓受催眠者可以不受外界騷擾，安心自然地進入催眠狀態就行了。

催眠時的身體姿勢可以很自由，可以坐著、躺著，甚至站著，最重要的是舒適舒服。長時間挺背直坐容易讓背部痠痛，盤腿坐則容易雙腿發麻，平躺在沙發或床上又容易入睡，所以我選擇了斜躺的姿勢來進行催眠。

雖然說環境的好壞，跟催眠成效並無直接關係，但你卻可以利用環境中的許多細節，幫助受催眠者更容易進入催眠狀態。舉例來說，你喜歡在自己的小房間裡進行催眠，因為這會有一種熟悉、安全的感覺。

每次進行催眠前，你會把房內主要的大燈關掉，只留角落的昏黃光線，這光線只在進行催眠時才使用，是一種另類的催眠暗示。」

「意思是借助外在的環境營造另類的催眠暗示嗎？」我問。

「其實這種另類暗示一直存在我們的日常生活中。例如看到熟悉的床枕，自然會湧起一陣睡意；置身安靜的圖書館裡，便有著閱讀的興趣。更甚者，廣告商把吸菸跟消除煩惱成功地聯繫起來，把咖啡跟休閒文化劃上了等號。」催眠師解釋。

「除燈光外，房間的溫度也要適中，避免太冷、太熱或太潮濕，因為催眠時皮膚的觸感變得比平常敏銳，所以室內溫度要盡量保持穩定。可以考慮使用空調，一來環境較為安靜，二來溫度與濕度較易控制。

音樂是非常有效的輔助工具，主要作用在於協助受催眠者放鬆。可挑選一些簡單的大自然背景音樂，如海浪聲、流水聲、風聲或雨聲，當然你也可以選擇各類型的樂

器，或任何時代派別的樂曲，凡是能帶給你放鬆感覺的音樂都是合適的。當你選好了催眠音樂後，最好只在進行催眠時才播放該音樂。」

「如果在吃飯、睡覺、上廁所也播放同樣的音樂，這音樂所賦予催眠的條件反射作用便會消失。」我說，催眠師點頭表示贊同。

「如同背景音樂，氣味也能引起放鬆安神的作用。香氣的選擇主要是根據個人喜好，可考慮使用一些味道較沉穩的木質氣味，盡量避免過分濃烈的花香，或帶刺激性的辛辣香草味道。你現在聞到的香氣，就是沉香木的氣味。我在進行催眠前，都會先焚燒沉香淨化、靜心——現在讓我們開始進入催眠情緒吧。

催眠實用手冊

雖然每位催眠師使用的催眠手法不同，但大致上催眠可分成三個重要步驟：催眠導入、催眠狀態後暗示，與清醒導出。依照受催眠者的習性與催眠目的，催眠師會採用相應的催眠技巧，以達到最佳的效果。」

「以下步驟你要好好記著。」催眠師教授我催眠時的標準程序與技巧。

一、催眠導入

催眠導入可分為放鬆與專注兩部分：

放鬆導入法。催眠的首要步驟就是要解除身心的壓力，讓身體得到放鬆，讓內心得到寧靜。只有在身心感到安全放鬆的時候，意識的控制才會減退，其防衛銅牆才能拆除，如此潛意識的大門就可以輕鬆打開。放鬆的技巧種類繁多，我將介紹三種簡單有效的方法。

1 呼吸放鬆法：以呼吸做引導，透過一呼一吸的動作進行放鬆練習，受催眠者可想像吸入的空氣走進身體不同的部位，注入放鬆感覺的同時並把壓力呼出，稍後的章節將有示範。

2 肌肉指令法：透過意識控制，把全身肌肉由頭到腳，有系統地逐一放鬆，這練習適合於運動觸感強的人，如常感到肌肉繃緊的男性，可直接感受肌肉瞬間鬆弛帶來

的放鬆感覺，稍後的章節將有示範。

3 投身想像法：透過模擬想像，把自身帶進一個放鬆舒適的環境，如溫暖的陽光、青翠的草地、廣闊的海洋等大自然景象。這練習以外在的感覺，誘發身體的內部放鬆，特別適合想像力豐富的人，稍後的章節將有示範。」

「催眠時的放鬆只要有效，就是最好的放鬆法。」催眠師提醒我。

專注導入法。完成放鬆導入後，接著進行專注導入法：把內在意識重新聚焦集中。專注力不足是十分常見的現象，因為日常有太多事務要處理。注意力經常被分散到不同的人事物上，這樣才能在同一時間處理多項問題——這種被稱為有效率的生活方式，不知不覺變成了一種慣性的精神模式，使專注力難以集中或長時間維持。

當人在高度專注時，身體的感官會突然變得敏銳，思考變得更清晰敏捷，身體內外的控制能力亦同步增強。專注導入的技巧，主要是要把注意力集中在某個感官上，可以是視覺、嗅覺或觸覺。由於感官敏銳度因人而異，所以應根據自己的習性與喜好，選擇適合你的專注方法。一般而言，人主要透過視覺感官來認識世界，所以催眠

暗示也多以視覺想像為主。催眠師利用視覺意象，召喚你分散的注意力，讓你精神重新集中。

二、催眠狀態後的暗示技巧

催眠導入後，將進入催眠狀態，身心繼續保持放鬆，內在意識維持高度的專注集中。在這種特殊狀態下，人的顯意識會變得安靜，潛意識大門順利被打開，這便是給予暗示的大好時機。根據催眠的目的，給予合適有效的暗示，讓改變在最根源的潛意識裡發生。但運用催眠暗示時，必須注意一些基本原則，這樣暗示才能順利被潛意識解讀，並發揮其理想效果。

盡量簡單易懂。想像你在跟小孩說話時的模樣，運用簡明易懂的用語，耐心地一再重複訊息的重點，盡量說好話，不要以威嚇或強迫的語氣，這樣暗示才能收到最佳的效果。催眠師都是會說故事的人，擅長以比喻與夢話的方式傳達訊息。

盡量以和受催眠者相近的價值觀與信念來溝通。催眠師所給予的暗示須與接受者的信仰相符合，若暗示中的價值觀與其現存的信念相違背，潛意識會對該暗示產生抗拒及排斥，暗示將難以發揮效用。如一個人渴望得到快樂，任何符合接受者認可的價值暗示都是可行的，但若這快樂是建基於別人的痛苦上，這種傷害別人而得到快樂的做法得不到接受者的認同，最終只會拒絕此暗示。

須帶有強烈的正面情緒。清醒時的行為與判斷常受到情緒影響，正面的情緒能增加人的行為取向，相反的，負面情緒則會阻礙人的選擇。潛意識一般愛聽好話，喜歡正面的暗示，想像美好的事物。例如催眠師實行戒菸的暗示，以健康與快樂生活的正面暗示，會比破壞健康與家庭和諧的負面說法來得有效。

實際可行的目標。催眠暗示所包含的目標，必須是在接受者的能力範圍內，並在一段合理的時間內所能完成的，這樣才能使接受者產生積極的動力去執行。例如規定接受者在一星期內完全戒掉吸菸習慣，是個難以接受、不切實際的做法。但若把目標降低成減半的要求，如一個月減少一半的吸菸量，以循序漸進的方式達成戒除的最終目標，這可讓接受者看到進步與成果，從而增強信心與決心。

三、催眠導出

當順利給予暗示或達到催眠目的後，接下來便是如何安靜地離開潛意識，把自己帶回清醒的狀態。催眠的導出技巧相對簡單，只要把內在意識慢慢從潛意識中抽離，帶著暗示的作用重回清醒狀態，感覺就像帶著夢的訊息醒來一樣。在一次完整的催眠旅程中，催眠導出其實是非常重要的，只是常常被忽略或輕視。如果以運動來比喻催眠，導入就像熱身，而導出就如同運動後的 cool down，把意識帶回日常的清醒狀態。

受催眠者可從催眠的任何一個過程中自主地醒來或離開，這並不會對受催眠者的身心健康構成任何不良影響，但卻可能影響催眠的成效，或增加往後催眠的困難。也許突然的醒來會帶來短暫的精神恍惚，情況就如同夢中突然驚醒一樣，只需一下子，精神便能回復過來。

如何進行自我催眠

原則上，所有的催眠都是自我催眠，透過自己進入催眠是絕對可行的，而且比你想像中簡單。催眠師所扮演的角色是透過語言技巧及有效暗示，引導受催眠者自行進入催眠狀態，真正的導入其實由受催眠者執行並發生在自己身上，催眠師只是以專業知識及技巧，協助啟動這個心理現象而已。能否進入催眠，最終還是取決於受催眠者本身。」催眠師說。

「催眠是受催眠者自我誘發的，所以真正的催眠師其實是自己。」我重複。

「所以催眠師的導入提示，必須配合受催眠者的喜好及需要，這樣才能事半功倍。若受催眠者本身熟悉催眠程序，並懂得暗示的有效法則，自己絕對是自己最佳的催眠師。如果你曾經接受過催眠訓練，那麼你學習自我催眠就會容易得多。

自我催眠其中一個重要的成功關鍵，就是要熟練你慣常使用的放鬆與專注導入技巧。催眠時使用的身體放鬆方法五花八門，由於每個人的感官敏感度皆不同，有些人視覺思考能力強，採用想像投身法可以是一個好的選擇；有些人則善用呼吸放鬆法，

憑自己的實際體驗感覺，找出最合適自己的放鬆技巧。所以，並沒有所謂最好的方法，只有合適與不合適，複雜不一定好，簡單的其效果不一定差。」

「就如專注技巧的選擇一樣，應按照自己的喜好與思維模式，選出一個最容易讓自己專注集中的方法。」我補充說。

「找到合適的導入技巧後便要勤加練習，盡量讓自己在不假思索或背誦的情況下順利完成，以減低意識的負擔。這情況就如駕駛或游泳，身體各部分能自動協調操作，而不需消耗意識的資源刻意控制。這樣進行自我催眠時，才可減低對意識部分的需求，讓意識盡量安靜。」催眠師重點說明。

「但在自我催眠時，催眠師與被催眠者皆為同一人，既要保留部分意識充當催眠師，又要同一時間放空其餘的意識以便進入催眠狀態，其困難程度及技巧好像相當高啊。」我說。

「你說得沒錯。剛開始練習催眠時，最常碰到的問題就是很難進入催眠狀態，因為當催眠師的『我』通常意識過強，要不就是過分執著於導入過程的細節，要不就是害怕遺忘放鬆的引導語句，結果變成久久未能放鬆身心意識，或是徘徊於催眠狀態的

邊緣。

另一個常見的情況則剛好相反，就是當受催眠者的『我』，過度放鬆導致意識薄弱，一下子就落入睡眠狀態。所以一方面要保持清醒，一方面又要讓身心極度放鬆，並不如想像般容易。不過，只要經過反覆練習，相信大部分的人都可以找到意識的平衡點，順利完成自我導入。

當你越來越熟練整個導入過程時，你就不用再花力氣去背誦導入語句，或不斷提醒自己接下來的程序。同時當催眠師時所需的意識亦會逐漸減少，你將能夠更容易、更深入地進入催眠狀態。」催眠師道出自我催眠的關鍵。

「每次的催眠狀態都不一樣，所以需要隨機應變，是這樣嗎？」

「一般而言，隨著被催眠的經驗增多，就越能夠成為一個好的催眠師與受催眠者。現在安心放鬆地躺下吧。辦公室的燈光已經全部熄滅，角落亮起了一盞昏黃小燈，流水聲緩緩從四周流向你，沉香木的寧靜香氣陣陣飄來。你感到眼皮變得沉重，全身的肌肉開始放鬆，深深地吐氣，再深深地吸氣，一、二、三……」

催眠記憶回溯

「我可以請你為我做一次催眠嗎？」我請求催眠師。

「你為什麼想要做催眠？你有什麼特定目的嗎？」催眠師問。

「我之前發生了一件差點讓我喪命的墜機意外，飛機從失控到墜落大概只花了十秒鐘時間，之後我身受重傷並昏暈過去。由於事情來得太快、太突然，我腦裡只殘留著許多零碎的記憶。我很想清楚知道當時究竟發生了什麼事，我總覺得這不是單純的意外，好像有什麼重要的訊息或線索遺留在那裡。」

「你真是找對人了，意外事件的調查與催眠都是我的強項！人時常忘記事情，遺失記憶的原因很多，可能是因為事發時間的久遠，可能是因為事發時情緒的影響，甚至是故意造成的遺忘。其實記憶都在那裡！你遺失的只是『有效索引』，情形就如在書庫裡尋找一本被誤放的圖書。所以只要找到途徑進入潛意識，尋回有效的索引，你便可以回溯失去的記憶。」

催眠師之前在警務處專責處理死因調查工作，是催眠記憶回溯的專家。

「我希望透過催眠做記憶回溯，我想重新理解整個意外的經過。」

「這絕對可行。透過催眠，你不但可以尋回遺失的記憶，更可以再一次重溫過去的經歷，分析每個細節，並解讀所有隱藏的訊息。我可以讓你再一次回到墜機意外時的現場情境，把時間凝固在那裡，將你當時看到、感受到的一切，重新一點一滴地記錄下來。」催眠師有信心地說。

「在我還僅存些微意識時，我就不停地告訴自己，牢牢地記下這一切，因為這些瀕死時的感覺，將是我人生的最後經歷與體驗。」

「如果你相信前世輪迴的學說，只要你把時間線一直往前推，催眠也可帶你回到前世的經歷，尋找所謂的前世記憶。有些個案確實為前世記憶提供了可靠的證據，比如說受催眠者說出一些今生從未學過的語言，或是確切描述一些從未到過的地方或人事物。」

「所以前世記憶是真有其事？」我好奇地問。

「但要注意的是，有更多所謂的前世經歷，可能只是本人今世的潛意識經驗投射而已。例如一個過度肥胖的病人，在進行催眠時看到自己前世適逢戰亂，最後餓死街

頭，所以今世不能自控飲食，這情況便難以證明是前世經驗的一種了。」催眠師補充。

「當然我也想知道，我的前世經歷跟我的意外是否有關聯。」

催眠師帶著我到房間的另一頭，那裡放置了一張看起來十分舒服的白色斜躺椅。

「現在安心地躺下來吧。」

房間裡的燈突然全部熄滅，角落亮起了昏黃的光線，流水聲緩緩從四周流進，沉香木的寧靜香氣陣陣飄來。我感到眼皮開始變得沉重，全身的肌肉開始放鬆……

催眠導入

「先讓自己的雙眼輕輕閉起，把身體調整到舒適的位置，然後深呼吸三次，三、二、一，正式開始放鬆導入。

首先把手放在小腹的位置，改以腹式呼吸，吸氣時小腹隆起放鬆，吐氣時小腹凹陷收縮，注意一呼一吸時腹部起伏的動作，慢慢習慣這種舒適的腹式呼吸。

把你的呼吸盡量放慢，讓呼吸盡量深沉。徹底地深深吸氣，一直將新鮮的空氣吸

進小腹的丹田位置；然後再徹底地吐氣，把所有廢氣從身上吐走。再次深深吸氣，你會感到舒適飽滿。再次徹底吐氣，你會感覺放鬆自在。

首先放鬆你的身體，從頭到腳逐一解除你對身體的控制，讓身體放鬆，如海綿般輕盈自在，回復原來的彈性。隨著每一下的呼吸，身體逐一部分放鬆。呼吸，頭部放鬆，頭骨、臉骨、頸骨依序放鬆，再放鬆，讓放鬆的感覺一直往下延伸：肩胛骨、上臂骨、手肘、前臂骨、手腕、手掌、手指骨……慢慢放鬆。再繼續往下：胸骨、脊椎骨、盆骨、大腿骨、小腿骨、膝蓋、腳踝、腳掌骨、腳趾骨放鬆，放鬆的感覺由頭到腳往下延伸，一節節地如海綿般放鬆。

呼吸，全身的皮膚與肌肉亦開始放鬆。頭皮放鬆，臉部肌肉放鬆，後頸放鬆，肌肉如海綿一樣慢慢鬆開，恢復柔軟。肩膀的肌肉、上臂肌、前臂肌放鬆，手掌與手指放鬆；胸部肌肉、腹部、背部、腰部、臀部肌肉放鬆；放鬆的感覺繼續往下，大腿、小腿、腳掌、腳趾、雙腳的肌肉放鬆。

再呼吸，全身的器官與內臟都跟著放鬆。放鬆的感覺延伸進身體內部，從腦開始放鬆，大腦的皮層、腦髓、整個腦袋都鬆開來，像棉花一樣輕盈柔軟。然後是眼球、

耳朵、鼻腔、雙唇、牙齒、舌頭、下顎、喉嚨，所有頭部都完全放鬆。放鬆的感覺沿著頸椎到達胸腔與腹腔、心臟、肝臟、腎臟放鬆，肺部放鬆，食道、胃部、腸道亦依次序逐一放鬆。身體內所有的器官和五臟六腑都像海綿般鬆開，每一個細胞都完全放鬆，如棉花般輕柔與輕鬆。

你現在身體進入一個極度鬆弛狀態，徹底地從上至下、由外至內放鬆。記著這種放鬆的感覺，在整過程保持這種身心放鬆的狀態。

現在想像有一個時鐘在你面前出現，一個古老的圓形掛鐘，時鐘上有一到十二的時間刻度，時針、分針與秒針同一時間各自緩慢地轉動著。這是一個能控制時間的魔法時鐘，集中精神看著這個時鐘。

把注意力放在轉動的時針上，滴答、滴答、滴答，時針慢慢地停下來不再轉動，安靜地停在鐘面上，時間開始慢下來。再注意看著分針，滴答、滴答、滴答，分針也慢慢地停下，停在原來的位置上不動，時間開始慢慢地停下來，不再前進。專注看著時鐘上唯一仍在轉動的秒針，此刻秒針也開始慢下來，滴答、滴答、滴答，秒針最後也安靜地停下來不再轉動，時間也同樣地停下來，不再前進。整個世界的時間都凝住

了，變得十分安靜。你的身心輕鬆自在，精神清明集中。

時間停止以後，時鐘也消失了。你面前出現了一條隧道，一條通往另一時空的時光隧道。這條隧道十分安全，你可以放心慢慢向前走，一步一步沿著隧道光源的盡頭前行，到達你想要去的地方。你感到時間的流動，就像風一樣在你身邊吹過，時間一直在你身邊流走。你正在走向過去，回到你意外發生時的時空，你將再一次回到二〇〇四年，看見跟意外有關的所有情境。你到達了隧道光源的盡頭，你跨出隧道，回到了過去。」

如看電影般的死亡筆記

「看看你的周圍，你看到了什麼？你在什麼地方？」催眠師問。

「我好像看到了光，是……蠟燭的光，還有……歌聲，我聽到了生日的歌聲。我看見自己的三十歲生日。」我驚訝地說。

「你在這裡十分安全，不用擔心。你現在就像看電影一樣，你所看到的是你的過去，你注意看著。你可以隨時把畫面停住、放大，或倒帶，如果你感到害怕，你甚至可以關掉銀幕。記著你就是電影的放映師，你能控制整個放映過程，可以在重要的地方寫下筆記以做紀錄。」催眠師回應說。

二〇〇四年十月七日　時間00：00
回憶的第一幕——三十而立

祝你生日快樂，祝你生日快樂，祝你生日快樂啊……祝你生日快樂！時鐘的指針剛好指向十二時，我在陽台獨自慶祝三十歲生日。

我為自己準備了一個簡單的奶油蛋糕，潔白的奶油上並沒有多餘的水果裝飾，也沒有裝飾的巧克力脆片，只是簡單地插上了三根細長的蠟燭，代表著我三十歲的人生。我找了很多家蛋糕店，最後在一間家族經營的老餅店中找到這麼樸實的蛋糕，或許現在已經不再流行簡單的東西了。

起初，我也不知道為什麼自己要找一個這樣的蛋糕，直到許願的那一刻我才忽然明

白。每一年的生日我都會為自己許下一個願望，然後在接下來的時間努力地達成。這些願望象徵著我人生不同領域的目標，包括學業、工作、財富或興趣上等等，全都是我渴望得到或體驗的事情。這個生日許願的習慣，久而久之變成了我為人生奮鬥的模式。

二十九歲時的願望，是當一個合格的滑翔機機師，讓我可以如鷹展翅般翱翔天際。這最後的飛行夢想，在我三十歲前已經實現了，我現在是飛天入海的大冒險家，世界之大彷彿沒有我到不了的地方，我變成了一個完全自由的天地行者。

所以今年生日，我只想簡單地度過，因為我已經想不出任何願望了。我拿出最後的一份生日禮物，慢慢拴開玻璃瓶上的軟木塞，讓躲在裡頭的雲兒飛回天上。於是我把人生的所有夢想，在三十歲前努力完成了。為此，我心裡感到十分滿足，更特別以一瓶二〇〇〇年的Dom Perignon玫瑰香檳做見證，一同慶祝我這豐盛的人生。

然後畫面中斷了，但下一個畫面迅速接上來，感覺就像看電影一樣。

二〇〇四年十月三十日　時間15：00

回憶的第二幕——出發前一天

我正在房間裡收拾行李，整理飛行時用的緊急手冊與筆記，明天一早便要啟程到紐西蘭，進行三星期的高階飛行訓練。我的臉色十分蒼白，一副無精打采的模樣，從早上起來便一直感到心緒不寧，好像有什麼不好的事情將要發生。

午飯過後，我到住家附近一間廟宇上香拜拜。其實每次出遠門或參加高危險活動前，我都會來這裡祈求平安。雖然我並沒有任何宗教信仰，但這祈福的儀式讓我感到心安，久而久之就變成了出遠門前的習慣。離開前，我剛好碰到廟裡的老廟祝，他是一位祥和的老先生，在這裡服務已經超過二十年了。

「怎麼啦，又要出遠門？」老廟祝也知道我這習慣。

「是啊，明天一早到紐西蘭參加一個飛行訓練，所以來這裡祈求一切平安順利。」我雙手合十地回答。

「怎麼一天到晚往外飛？小鳥也終究有停下來的一天啊！」老廟祝皺皺眉說。

「我希望在年輕時多去體驗人生，或許完成這次飛行訓練後，便停下來認真想想自己的將來。」我笑笑說。

「但你的氣色不好啊！今年是猴年，你的生肖屬虎，剛好犯太歲。所謂太歲當頭

坐，無災亦有禍！今年你容易遇上血光之災，特別是跟交通有關的事故，需要特別小心。還是少出遠門為佳啊！」老廟祝憂心地囑咐說。

「知道了，年初時你已對我說過同樣的話了，我會凡事小心的。」我謝謝老廟祝的關心。

離開時，我心裡曾有一陣忐忑的感覺，但後來想想：「命運這回事，想躲也躲不了，信跟不信又能改變什麼？所以相信命運不如相信自己吧！」

只是當天晚上，我下意識地把所有的保險單據與銀行存摺翻了出來，並且把金融卡的一堆密碼抄寫好，整齊地放在書桌架子上，有點像在為自己安排身後事一樣。我被這些無意識的行為嚇了一跳，因為這麼多年來，我一次也沒有這樣做過。

二〇〇四年十一月八日　**時間** 17：00

回憶的第三幕——意外前一天

今天發生了一件怪事。

我跟同行的朋友波波，為了方便進行飛行訓練，所以選擇住在飛行俱樂部裡的簡陋

宿舍。每天一早，我們吃過早餐後便離開宿舍，到旁邊的草地跑道進行訓練，大概在黃昏前結束。過去六天的飛行訓練進行得十分順利，教練對我的表現感到十分滿意。今天我更通過了考試，將可以開始高階的飛行訓練，並改為駕駛另一種高性能的PW5滑翔機。這一切都比我預期中順利。

為了慶祝順利通過考試，我跟波波返回宿舍梳洗，準備外出大吃一頓，就在我打開房門的一刻，一團黑影不知從哪裡突然撲出來，嘩的一聲把我嚇了一大跳！原來那是俱樂部飼養的老黑貓，牠被我們不小心關在房裡，悶了整整八個多小時。老黑貓是一名意外身故的會員遺留下來的，可能因為主人突然離世的關係，牠總是鬱鬱寡歡地看著遠方，從不主動親近別人。

當我回過神來時，我立刻聞到一陣排泄物的惡臭，我們把所有窗戶盡量打開讓空氣流通，可是情況一點也沒有改善。於是我們四處尋找房間裡可能遺留下的排泄物，找了半天也找不到氣味的源頭，最後我們只好放棄躲到屋外去。晚飯的時間，我們還特意跑到附近的超級市場，買了一支強力的空氣清新劑來除臭，但還是會聞到隱約的異味。

老黑貓事件突然讓我心情一沉，讓我回想起老廟祝的不祥預言。我本來已經把這些忘得一乾二淨了，沒料到那心緒不寧的感覺又再度跑回來。

二〇〇四年十一月九日 時間 11：00
回憶的第四幕——意外

「Well Done! Perfect!」教練在旁不停稱讚我的試飛表現。

我首次駕駛高性能的 PW5 滑翔機，不論在起飛、高空操控，或是降落方面，都表現出絕對勝任的能力。PW5 比之前練習機的性能有過之而無不及，機身流線輕巧，反應靈活敏捷，我就像是長了翅膀的老鷹一樣，自由飛翔。

我興奮地準備個人首次獨飛（Solo Flight），並做起飛前的最後安全測試，在正確無誤的情況下，我跟塔台聯絡準備啟動飛航。

「控制塔台，PW5，準備起飛，請求批准。」

「PW5，控制塔台，跑道清理，批准起飛。」

時間　11：11：01

回憶的第五幕

人生最後倒數十秒。

時間　11：11：09

回憶的第六幕

「砰！」的一聲。

時間　11：11：11

回憶的第七幕

燈滅了，死亡時間結束。

時間　11：13：00

回憶的第八幕

靈魂出體。

時間 11：16：00

回憶的第九幕

人生的最後選擇，離開或是留下？

時間 11：26：00

回憶的第十幕

痛！傷者奇蹟生還！趕快救援！

時間 12：30：00

回憶的第十一幕

我不同意，不用救我，讓我離開吧。

銀幕的畫面最後停在漆黑的寂靜裡，就像我的昏迷一樣，希望從此不再醒來。

催眠導出

「今次的催眠回溯旅程已經結束，你已經尋回你遺失的記憶，現在請帶著你的回憶離開，再次回到清醒的狀態。

現在返回時光隧道，沿著來時路慢慢往回走，回到二〇〇五年的時空。你將再次感到時間的流動，就像風一樣吹向你，帶你回到現實的時空：你清醒時的狀態。

慢慢深呼吸，感受你的身體，你的四周。你現實的感覺慢慢恢復過來，你的五官五感逐漸恢復敏銳，開始感應到四周的光線、聲音、氣味、溫度與味道。我將從一數到五，當數到五之後，你就會完全清醒過來，頭腦變得清晰，思考敏捷，而且精神飽滿。一、二、三，繼續呼吸，每一次的呼吸都讓你更清醒，知覺更敏銳，你已經帶著記憶回到清醒的狀態裡。四、五，你已經完全清醒，完全地清醒過來，精神飽滿地清醒過來。你現在可以慢慢睜開眼睛，感受一下你的身體，你的四周。」

「催眠的回憶之旅感覺如何？」催眠師問。

「這一切都是真的嗎？」我確認地問。

「這是你潛意識裡的記憶，恐怕只有你才知道。所謂記憶這件事，相信的會變成真實，懷疑的將變成虛假。」催眠師以那位心理學教授的語氣說著。

「所以只是信念在作祟。」

「其實記憶是從來不會變質的，它只是一些已發生的事實記載，就像書本或錄影檔一樣。這裡並沒有好與壞的記憶，也沒有開心或傷心的記載，有的只是單純的記憶。只是當人在替換心情與角度時，記憶也隨即被染色了，如同換上新的太陽眼鏡看世界。」催眠師像玩魔術般，不知從哪裡變來了一副太陽眼鏡戴在臉上。

「就像換上不一樣的太陽眼鏡。」我重複。「我現在清楚我的意外經過了，謝謝你！」

第七章　做自己的心理分析師

心理分析師的房間在走廊左邊的第二間房間，房門上寫著「讀心室」。我同樣禮貌地輕輕敲門，看到門梁上的綠燈亮起後便推門進去。讀心室看起來有點像小時候的圖書館閱讀室，房間中央擺放了一排小書桌，每張桌子上都亮著小巧的閱讀燈。但是牆邊的一整排書架全是空的，空書架令人有種突兀的感覺，這跟教授放滿書藉的書櫃剛好形成強烈對比，好像在暗示拋開已有的成見，才能看清真相。

心理分析師站在空書架的前方，他年約四十，雙目如老鷹般銳利，彷彿能看穿所有事物。可能是職業病的關係，他戴著一頂典型的偵探帽子，穿著卡其色的大衣，口裡還含著沒有點燃的白色象牙菸斗。他讓我想到電影裡的名偵探福爾摩斯。

「歡迎！請隨便挑選個位子坐吧。」心理分析師仍舊站在那裡，一動不動地上下打量著我。

「你好。」我禮貌地回應，然後坐在中間的椅子上。

「五個位子中，你只挑選中間的位置坐，而且挑選的過程中並沒有一絲猶豫，證

明你是一個自信又自我中心的人。你雙手自然地張開平放在桌上，顯示你為人友善開放，喜歡結交朋友，面向世界。但同時你的手掌緊合朝向桌面，說明你個性固執掘強，一旦做了決定便不輕易放棄改變。」心理分析師準確地把我的性格分析出來。

行爲解密的讀心術

「我只是隨便選個座位而已。」雖然我心裡滿是驚訝，但嘴巴卻故意不同意。

「就是你的隨便、隨意的舉動向我說出了這一切。你不是也讀過佛洛伊德的精神分析學說嗎？」心理分析師坐到我對面的位子上。

「你是指隱藏的潛意識思想？例如自由聯想、說溜嘴……等這些看似無意義的東西，其實卻剛好相反，真實地反映了內心的思想。」我也贊同地說。

「世界上恐怕沒有東西是偶然的，包括你所有的行為、所有的際遇、所有的命運，只是看你能否解讀出來而已。」心理分析師否定隨機的假設。「這不就是你來找我

的原因嗎？」他假定我同意他的推論。

「我很希望可以明白自己過去的人生，理解為什麼我會遇上這場意外。為什麼是我？為什麼偏偏是我？我不懂。」我不甘心地說。

「我明白你的問題了。我試著從你遇到的意外進行分析，我們一起尋找答案。還記得催眠時找回的記憶嗎？你曾經靈魂出體並進入一處奇異的地方，在那光之海你看到了什麼？」心理分析師問。

「當時有個聲音問我想離開或是留下，然後我進入了時間之流。我看到像水晶絲網般的時間圖譜，把我人生的不同階段與經歷互相連接起來。我彷彿走進一個多銀幕的電影院，看到不同時候的自己。

我看到兒時的我，童年生活並不快樂。我出生於一個貧困的小家庭，父母在我很小的時候，就必須在外為生活奔走。兒時的回憶就只有一間狹小的木板房，沒有像樣的玩具，也沒有難忘的玩伴。隨着一把熊熊的烈火，小木屋與兒時的回憶一併燒光了。

雖然家裡沒有提供什麼良好的教育，也沒有什麼特別的栽培，但我總算健康的長大。我的生活都是處於一種既平穩又平淡的狀態，沒有任何讓人炫耀的成就，也沒有

犯過任何見不得人的過錯。

祖母從小就經常叮嚀我，長大後不可以進黑社會、不可以吸毒、不要作奸犯科。我的印象裡，祖母一次也沒有對我說過，『要唸大學，當醫生或律師……』這一類的話，好像從來就沒有對我有任何期待一樣。所以當我考上了港大，對所有人來說都是出乎意料之外。

說也奇怪，我的學業成績卻是從上大學以後開始變好的，唸書考試所需要的智慧像突然被開啟；從前看不懂，記不起的複雜理論，變得淺顯易懂，不需費任何氣力便能取得優異的成績。對於這個不可思議的改變，我也百思不得其解，後來才明白到那是因為找到了屬於自己的世界。

我在大學修讀的是心理系，在心理學的世界裡，所有東西都變得熟悉起來，與其說是喜歡，不如說是親切更為貼近。我像被賦予了一種特殊的能力，能深切了解人的思想行為，可以自由遊走於意識與潛意識的領域裡。

正因為學業變輕鬆了，我有更多的時間做自己喜歡的事。從那時候，我開始愛上了咖啡、小說與電影，只要一有時間，我便會到咖啡館流連，一面看書聽音樂，一面享

受咖啡的香味。一星期最少一次到電影院，隨便看看什麼樣的電影，只要走進那道厚重的門，我便可以到達不同的時代、遊歷不同的地方、幻化成不同的人物。我很喜歡這種短暫的抽離，就算是一瞬間也好，這可能跟愛做白日夢有很大的關係吧。

為了賺取零用錢，我從中學便開始當家教。當上大學生以後，家教的薪水增多了，我存起額外的零用錢，開始實現我的旅遊夢想。

我成了一個背包客，以體驗生活的形式，到世界不同的地方遊歷。最初是搭乘火車到中國的不同城市，然後搭乘飛機到鄰近的國家，後來距離越走越遠，時間越走越長。

在大學畢業前的最後一個暑假，我送給自己一份畢業禮物——到歐洲去流浪。我束著一頭長髮，蓄著一臉鬍子，背著二十公斤重的大背包，穿過歐洲的大街小巷，放浪形骸地生活了兩個多月的時間。沒有既定的行程，沒有充裕的旅費，睡過車站、公園和碼頭。這段旅程雖然艱苦，但追著自己的夢想，心裡總是快樂的。當這次漫長的旅行走到盡頭，我的大學生涯也隨之結束了。

畢業後，我從事了自己從來沒有預期過的職業，紀律部隊算是薪水與待遇都很不

錯的一份工作，不但穩定，且退休後也有保障。可是從一開始，我便感到自己跟這個地方格格不入，就像在夜行動物館裡看到一頭大象一樣，有一種說不出的突兀感。可能是欠缺了思想的服從性，也可能是適應不了機械式的紀律文化，我不喜歡也不討厭我的工作，只是有一份不屬於這裡的疏離感。

縱然如此，我在工作上還算有不錯的表現，在晉升考試中亦取得了十分優異的成績，比一般人提早晉升為高級人員。不但如此，在投資市場上也賺到了豐厚回報，事事一帆風順，生活品質得到莫大的改善。我的人生終於步入了黃金時期。

我開始追尋更多的夢想，到各地旅遊，認識與接觸形形色色的文化藝術。我學習各樣有趣的東西，冬天到各地的高山滑雪，夏天到不同的海洋潛水。就在一年前，我實現了最後的夢想，駕著滑翔機飛上天際，穿越厚厚的白雲，觸摸無盡無邊的蔚藍天空，如鷹展翅遨翔。我徹底的自由了。

我把所有的夢想，在三十歲以前努力地完成了。所以，在剛過完的三十歲生日，我並沒有許下任何願望，因為我感到人生已經滿足了。所以『離開』是當時飛機意外時第一個閃進來的選擇。」

我述說在時間之流裡所看到的三十年豐盛人生。

「所以你感到了滿足無憾，想要在人生最高峰的時刻離去，留給自己和別人最耀眼的光芒，最美好的回憶，是這樣嗎？那你最後為什麼沒有選擇離開？」心理分析師吸咬著他沒有點燃的菸斗。

「當我正準備帶著滿足的心離開時，突然感到一陣莫名的心痛，無盡的空虛與悲傷像掏空了我的心。我才發現原來我的人生已經沒有夢想了，我的生命裡再也沒有讓我依戀不捨的東西，我不需要任何人，也沒有任何人需要我。原來，我是多麼的孤單與空虛，這感覺就像一個從來沒有真正活過的人，不曾存在於這個世界上。

我的心一點也不自由，原來三十年來自己一直跟空虛在賽跑，不停地製造夢想來逃避人生的空白。原來，夢想達成不如依然有夢。」我心中還帶著當時陣陣心痛的感覺。

「所以，同一時間你站在感受的兩個極端：滿足與缺憾，快樂與哀傷，不知道該如何做出人生最後的選擇。離開，是因為夢想達成；留下，是因為你沒有真正活過。」心理分析師把我當時極端矛盾的思想與感受說了出來。

「我因為回答不了自己人生的最後問題，所以被遣返回自己破爛的身體。這既不是離開，也沒有留下，只是單純地返回而已，等待準備好以後再次回去作答。之後光海迅速瓦解，而我感到劇烈無比的痛楚，我就是這樣活回來的。」我雙眼極度迷惘的看著遠方。

「我明白了。」心理分析師點頭地看著天花板。

性格決定遇上的意外

「雖然你可能永遠無法知道意外的真相，可能是人為的出錯，可能是環境的突變，也可能是命運早有安排，又或是三者的交互因素所造成。但重要的並不是找出意外的真正原因，你必須把焦點重新投放在意外的背後意義上，因為意義才是真正的幕後黑手，原因只是用來掩飾身分的代罪羔羊。

只要凶手一天仍逍遙法外，即使你把替死鬼殺了，亦是於事無補。凶手會潛伏在

你看不到的暗處等待機會，在你鬆懈時再次犯案，我太了解他們的德性了。你就只能提心吊膽，永遠無法安寧地度日。」

「意思是說，若沒有明白意外及傷病的真正意義，即使我康復了，在不久的將來還是會碰上同樣的事情嗎？」我問。

「如果說生命中每一場際遇都有其意義，性格可以決定一個人所遇到的意外與傷病類型，那你的意外又代表著什麼深層的意義呢？」心理分析師問。

「難道這不是純粹的一場意外嗎？」我驚訝地反問。

「當然我不認為這場奪命意外是你有意製造出來的，但性格決定命運，你的某些內在信念可能無意間促成了這宗意外的發生。只要你細心分析你過去的人生，便會找到答案。

長期以來，你都喜歡參與冒險性極高的運動，如潛水、滑雪、駕駛滑翔機……這些運動需要極大的勇氣與技巧，不是每個人都具有這種膽識與能力，所以每次完成這些高難度的危險運動時，你內心都有一份莫名的滿足與自豪感。

其實這只是一種虛榮的感覺，不斷挑戰的背後，目的是要證明自己的能力與存在

感，不只證明給自己看，還要讓別人知道，甚至把別人比下去，讓全世界都認同你的優越、你的與眾不同。所以，這場意外是過去的自卑與自負性格所造成的，這混合的矛盾性格，一步一步把你推向萬劫不復的深淵。」心理分析師準確地說出我自卑與自負的性格。

「你喜歡到處旅遊、開車、開船、開飛機，希望追求的就是無拘無束的自由感覺，努力掙脫現實生活的限制。但其實你內心很清楚，不管你飛多高多遠，你永遠也得不到真正的自由，因為你追逐的只是表面上身體的自由。當你距離心靈的自由越來越遠時，意外發生只是早晚的問題。

也許你的潛意識早就預見了這一幕，只是你沒有從過去大大小小的意外裡讀懂這訊息，內心只好選擇更大的訊息載體，或是任由更嚴重的意外發生，這樣才能讓你不再忽略內心的聲音。只要你一天沒聽見沒讀懂，那聲音還是會一再重複，或以更大、更響亮的方式在你面前呈現。」心理分析師繼續分析。

「當我徹底失去身體的自由時，我才明白到自由的真諦，讓我看見自己過去的愚蠢與迷思。原來真正的自由在心靈而不在身體。當然內心不是故意製造這宗意外讓我

粉身碎骨，但我相信它有能力預見並阻止這場意外的發生。它選擇容許這意外的出現，是因為我需要這場意外。只有藉著身體的嚴重受傷才能把我拉停，讓我安靜地好好傾聽內心的聲音。」我終於明白這場意外的意義了。

性格決定患上的疾病

「如果說凡事皆有因果，萬物的出現都不只是巧合，你可曾想過疾病也有其存在的意義與目的？」心理分析師忽然這樣問。

「從表面來看，生病的主要原因是身體受到外來的侵擾，可能是細菌病毒的感染，或是突如其來的環境轉變，讓我們受寒受熱等。這些看似真確的生理與病理因素，只是醫學所能接受的合理原因。所以我們以為只要能對症下藥，把相關的細菌病毒殺死，把所有的病徵病狀有效消除，便算是成功地療癒。生病只不過是一時的不小心，或是純粹的意外不幸。

但若往深一層想，為什麼只有你受到感染？為什麼只有你受寒著涼？好像除了你以外，身旁的人都還是很健康？你可能又會問：為什麼自己患的是這種疾病而不是別的？為什麼發病的時間偏偏要在這關鍵時刻？其實這一連串的問題背後，都隱藏著一個共同的祕密，那就是：我們需要尋找疾病的深層意義。

「所以我的不治腳患也同樣代表著某種深層意義嗎？」我有點遲疑。

「不論是心理學或是醫學，研究證明身心不是獨立運作的，而是互通互動、共生共存的。所以傷病不只是單純的身體問題，它們還有一個重大的祕密身分：每個疾病都是一名『背負特定訊息』的使者，它們帶著內心想要告訴我們的祕密，透過各種病徵引起我們注意，目的是要能被成功解讀。

這些密使不但頑固，更是凶悍無比，不怕犧牲，一個倒下另一個便立刻接上，忠誠地為潛意識效命。它們的目的只有一個，就是把訊息成功地傳送到你心中，所以不管你躲得多高多遠，它們全天候盯著你，你絕不可能逃脫。但只要它們完成任務，成功地傳遞信息，便會安心地悄然離去。」心理分析師解釋疾病的另類意義。

「從心理學的角度，我稱這為『疾病的心因性因素』。其實許多疾病的根源都在心

理而非生理，較為明顯的例子就是因壓力而產生的各類型疾病，包括：高血壓、糖尿病、冠心病、胃潰瘍、失眠、腰痠背痛等等，這都是現今社會常見的身心症。這些病早已被證實跟壓力掛鉤，彼此有著密不可分的關係，只是身體透過不同的途徑反映出來而已。

壓力可以視作身體的一種情緒反應，當人經歷內心矛盾，面對有形或無形的威脅時，便會自然誘發壓力情緒的產生。面對壓力，我們會感到焦慮不安，並產生心跳加速、血壓上升等生理變化。若對這些壓力的負面反應視而不見，它便會進一步打亂我們的內分泌系統，干擾神經物質傳遞，影響新陳代謝。當免疫系統受到干擾，疾病便有機可乘，損害我們的健康。

如果說壓力是疾病的源頭，那壓力是從哪裡產生的？背後又有著什麼意義呢？壓力其實是內心向我們發出的警訊，告訴我們要調解內心的矛盾，處理並面對襲來的威脅與恐懼，但如果我們對這些訊號繼續視若無睹，久而久之，壓力便會形成身體的病變。

所以這些『心因性因素』正是潛意識要告訴我們的重要訊息，向我們表達內心正

在面對的問題與困擾，如果能從一開始便解讀出這些病徵的背後意義，並妥善處理，或許疾病便不會形成，或發展成難以根治的頑疾。」心理分析師指出我的壓力源於我的性格。

「如果說，一個人的性格能決定他的命運，同樣地，一個人的性格也可以決定他所罹患的疾病類型，就如同我的腳患與意外，同樣是受著性格所影響。」我說。

心理分析師點起他的象牙菸斗，再深深地吸了一口：「說得一點也沒錯。」

「難道所有病都跟性格有關嗎？」我好奇地繼續問。

「一些專門研究心因性疾病的報告指出，不同類型的心因性疾病各有其所屬的性格特質，例如：罹患潰瘍性疾病的人，往往伴隨著過分自我控制的性格，喜歡把自己設定在一個充滿鬥爭評比的環境裡，久而久之，內心積存了高劑量的憤怒與憂鬱，因為無從宣泄而對身體進行反撲，所以產生了潰瘍病變。

冠心病或高血壓的患者多擁有俗稱的『A型人格』，性格不但固執急躁，而且缺乏彈性。他們做事非常認真且伴有很強的時間觀念，因身體長期處於高壓的狀態，所以特別容易造成心血管病變。」心理分析師列舉一些例子。

「所以，疾病就像夢一樣，是潛意識向我們傳達訊息的重要工具。」我回應。

「當疾病的意義被成功解讀後，它們作為訊息載體的任務便宣告完結，於是就不需要存在。當疾病的任務完成，很多時候疾病會自動消失，病亦不藥而癒。所以理解傷病背後的意義，可以說是治療的重要起步。」心理分析師重申。

「如果你久病未癒或是時常生病，也許在下次看醫生吃藥時，認真聆聽一下自己內心的聲音，傾聽疾病對你訴說的故事。若是壓抑病徵病狀，採取頭痛醫頭、腳痛醫腳的態度，疾病只會像變形蟲一樣，換個面貌，在你身體的另一處跟你再次相遇。

有時候潛意識好比一個頑固的老頭，一直在你耳邊喋喋不休；有時候他像個淘氣的小孩，繞著你身邊不停吵鬧。若你一直無視他的存在，忽略他的聲音，他只會以更干擾的方式向你投訴，直到你不能對他充耳不聞為止。」

「所以每個傷病都有其獨特意義，都是一個訊息的載體。只有了解疾病的真正目的，成功解讀其背後的隱藏意義，我才有機會得到真正的療癒，疾病才會甘心離我而去。如果我只是想辦法盡快地把它們壓抑消音，不但解決不了問題，反而會讓它們換個更凶悍的病徵，轉個部位再找上門來。因為我不是在跟疾病打架，而是在跟自己的

內心搏鬥，是這意思嗎？」我複述心理分析師的意思。

「是的！所以潛意識選擇了代表『自由』的『腳』向你傳達訊息，因為沒有比腳患更適合不過的疾病了。試想一個能在天上飛、水裡游、地上跑的冒險旅遊家，如今連最基本的走路、上廁所都做不了，這就是對你最大的諷刺與打擊。只有讓你安坐在輪椅上，你才有機會明白內心對自由的真正追求。」心理分析師破解了不治腳患的含義。

「除身心症外，精神疾病也同樣有著其隱藏意義。」心理分析師補充。

「那我是如何患上憂鬱症的？憂鬱症對我又有何意義？」我不惑地追問。

夢的分析

「這是一個有趣的問題。好像大多數患精神疾病的人都不知道自己患病，就像醫生都誤以為自己有比別人高的免疫力。」心理分析師說出真實的情況。

「那先說說你的憂鬱症狀吧，你有否常做些奇怪的夢？夢境是一個十分有效的心

理分析工具。」

「神醫事件後，我進入了自暴自棄的狀態，不但放棄了所有的復健治療，更從意外前的人生高峰突然墜入意外後的幽暗低谷裡。那時候，我常夢見自己變成一隻蟑螂，雖然已隱身在黑暗的角落裡，但最後還是遭人踩斷了半邊身子。醒來時我總跟上天說：殺了我吧，否則你就是個凶手。」我把夢境告訴心理分析師。

「所以治療計畫失敗後，你的情緒開始出現問題，或是你長期壓抑的負面情緒終於失控爆發。看來你不只患上嚴重的憂鬱症，更已經到了尋死的絕望地步，整個人被黑暗所籠罩，怪不得你看不到治療的方向。」心理分析師感慨地說。

「也許你說得對，我的確走到了人生絕路。」我坦白承認。

「你這個夢，正好把你的狀況總結出來，是潛意識告訴你現在的內心感受。我來替你做一次詳細的夢的分析吧。」

「就像精神分析學所說的那樣嗎？」我好奇地問。

「教授不是跟你說過：夢是通往潛意識的大道嗎？夢裡的人物角色、夢境的情節遭遇，都是內心對現況的投射再造，每樣人事物的出現都不是偶然，而是含有深厚的

象徵意義。比如說，夢裡的蟑螂，其實是你現實生活中自我的形象反映。你說說蟑螂給你的第一感覺是什麼？讓你聯想到什麼？」心理分析師問。

「蟑螂給我的感覺是厭惡，牠的樣子噁心，形態醜陋，看到牠的身體便聯想到骯髒的地方。牠的存在讓人感到不舒服，幾乎讓人反胃，是一種與正常環境非常不協調的低等生物。」我老實回答。

「這正好反映了你對自我形象的評價，你的注意力只投放在事物的外表上，是完美主義者常有的通病。你厭惡這個不完美的自我，把自己投射成一隻噁心、形態醜陋的蟑螂。

跟從前健全的身軀相比，你拒絕接受現在的殘缺形象，你感到自卑、缺乏自信，更害怕在他人面前出現，因為過去的你把價值建築在別人的評價上。低等與不協調的感覺正象徵著你內心的害怕，你害怕自己變成一個不正常的殘障人士，害怕給人添麻煩，害怕讓人討厭，更害怕受到冷漠歧視。」

「那夢裡出現的場景又代表什麼？」我沮喪地問。

「夢中的場境布置，正好反映了你現實的生活狀況。在夢境中，雖然你已經選擇

躲到廁所的黑暗角落，但還是不停地被人驅趕，這代表在現實生活中你不斷在自我萎縮、自我隔離，但還是沒找到一處可以讓你安心安靜的地方。不管你身處哪裡，你總是感到自己與外在環境格格不入，好像把自己隱藏在黑暗中，讓自己變得透明，是你唯一的解決辦法。但即使是這樣，你還是感到世界不能容納自己，但其實真正不能容納你的，是你自己而已。」

「蟑螂雖然沒做錯事，但卻無緣無故被人用力地踩著，應該是描述我對意外的感覺吧？」我說。

「你說得沒錯。對於你生命突然出現的噩耗，你感到極度惘然、感到冤屈與無助，你既沒有做出任何錯事、壞事，卻要受到飛來橫禍的懲罰，你感到極度的不公平、不公義。你甚至懷疑自己一向信奉的價值觀，關於善與惡、對與錯的界線開始變得模糊，所以你感到迷失、迷惑。」

「那為什麼牠是一隻逞英雄的蟑螂？」

「你將自己比喻成一隻逞英雄的蟑螂，代表著你不服輸的倔強性格。你從小選擇跟命運對抗，一生靠自己努力打拚，雖沒有什麼了不起的成就，但卻活得有尊嚴。所

以你一方面接受命運的擺布，暗地裡卻還在跟命運抗衡，渴望憑一己之力扭轉命運，不甘心就此罷休妥協，所以牠只好自斷身子，拖著前半截身體離去。」

「蟑螂自斷身子，拖著半截身體離去又是什麼意思？」

「你即使被判傷殘，但你仍努力想要掙脱逃走，不甘於坐以待斃，這反映了醫生對你的腳患宣布醫療無效時，你還是拖著身軀，努力尋訪另類治療，因為你希望再次創造奇蹟。」

「既然這樣，蟑螂為什麼最後要學習配合自己的處境，甚至還要嘗試理解自己的命運？」我不明白。

「原因很簡單，當你經歷一次又一次的失敗，一次又一次的失望後，你開始對治療失去希望與信心。你感到命運巨輪的不可逆轉，所以放棄抗爭，甚至選擇接受命運，聽從擺布。你嘗試找出各式各樣的理由合理化你的遭遇，嘗試痲痺你的感官神經，開始自我放棄與放逐。」

「蟑螂透過被吃空的軀殼看天空，繼續無知無覺地生存，就是反映我對未來的看法吧！」

「你解讀得沒錯。你可以嘗試解讀夢境的最後部分。」心理分析師鼓勵我繼續。

「被螞蟻吃得剩下空殼的半截身體，正反映我右足踝骨骼因缺血性壞死而枯萎的事實，同時亦代表著我對骨枯的極度恐懼，害怕親眼看見這一天的到來，害怕往後我的生命就將結束，我跟世界不再有共通點，甚至連跟自己也不再有共通點，因為我已經跟一個死人毫無分別。」我試著分析自己的夢。

「你分析得非常好，沒有人比你更能讀懂自己的夢，因為夢是你內心編造出來的訊息。我已經把解夢的本領傳授給你了。」心理分析師滿意地說。

「明白這一切對我十分重要，謝謝你，心理分析師！」我道謝。

原來當人能讀懂意外及傷病的背後意義時，頓時會有一種恍然大悟的感覺，內心瞬間豁然開朗，視野無比清明。這個心境的轉變，不只能讓人找回平靜，更讓病患看到治療的真正曙光。試想當人的力氣都消耗在跟命運搏鬥或逃避現實時，根本沒有多餘的心力進行療癒；當雙眼被蒙蔽著，又如何看到逃生之路？

第八章　做自己的心理治療師

心理治療師的房間在走廊右邊的第二間房間，房門上寫著「治療室」。我輕輕敲門，看到門梁上的綠燈亮起後便推門進去。治療室比之前看到的房間都要大，進門後是一個小型客廳，中間放一套舒適的L型沙發，茶几上青花瓷瓶清麗脱俗，配合簡約的鮮花裝飾。四面牆壁掛有歷代書法家的字畫，對門的牆角放一套專業用的音響設備，感覺就像是置身於現代的文化展示室裡。

心理治療師坐在沙發的一旁，大約三十歲出頭，梳著清爽的短髮，穿著剪裁合身的白襯衫、深色西褲，皮鞋打磨得光滑亮麗。他給人的印象是一名打扮時尚、懂得享受生活，有品味、有個性的青年才俊。

「請坐，要喝點什麼嗎？」心理治療師示意我到沙發坐下。

我看著幾個空的位子，稍微猶豫了一下。

「放輕鬆隨便坐吧，我不喜歡玩座位心理分析這小玩意。」心理治療師好像跟分析師十分熟稔。

「我是專程來處理我的情緒問題。我身心感到十分疲倦，對身邊所有事物失去興趣，對自己有強烈的厭惡感，有自殺或被殺的傾向，我判斷自己應該是患上嚴重的憂鬱症。」我坐在沙發的另一旁，向心理治療師道明來意。

「聽你的語氣好像對心理症狀十分熟悉，你應該也是一位心理治療師吧。」心理治療師猜著。

「我曾經也是一位心理學專家，但在意外受傷後，我已經喪失了治療的能力，現在徹底變成了一名心理病的病患。」我有點羞愧地說。

「其實每個人都是病患，亦同時是自己的心理治療師，你的問題解決以後，治療能力便會回來。」心理治療師安慰我。

「如果我能從悲劇的傷病者，變回專業的心理治療師，也許我可以找到療癒自己的能力。」我是這樣相信的。

「如要尋回療癒的力量，你必須首先走出心靈殘障的困局。」

憂鬱症的專業診斷

「關於憂鬱症的診斷，不同的醫學體制有不同的準則，其實診斷雖然簡單，但至今還沒有統一的標準。其實憂鬱症包含了一系列的病徵病狀，而且每個病患出現的狀況都不盡相同，診斷時須考慮個人的性格、資源網絡，與生活技巧。

坊間流傳著不同種類的憂鬱症測量表，但都只是一種參考，讓人更易掌握自己所處的精神狀態。像你現在的情況，不管放到哪個測量表上，憂鬱指數早就破表了。其實只要一出現憂鬱情緒，便該及早處理，切勿等到病症形成才來求醫診治，所謂『病向淺中醫』。」心理治療師對我的延誤診治有點皺眉。

「以下是一個比較客觀常用的專業診斷量表，你可做些簡單的自我評估：

根據美國精神醫學協會所頒訂的《精神疾病診斷與統計手冊》第四版（*The Diagnostic and Statistical Manual of Mental Disorders*, DSM-IV-TR），憂鬱症常見的主要症狀有下列九項，被診斷為憂鬱症者必須包含下列第一、二項，且具備五項以上的症狀。這些

症狀不是由於藥物濫用或一般疾病引起，而且出現症狀的時間維持兩週以上。

一、情緒低落：不開心／鬱悶／空虛／心情不好
二、明顯對事情失去興趣：失去興趣／不能專心／無助感
三、胃口改變：體重大幅下降或上升／腸胃不適／食慾不振
四、睡眠習慣改變：嗜睡／失眠／早醒
五、動作遲緩或因不安運動量增加：動作緩慢／躁動／活動力變低
六、疲倦或失去活力：易倦／乏力／缺乏動力／沉默
七、無價值感或過強的罪惡感：自我價值感低／無價值感／罪惡感強
八、注意力不集中或猶豫不決：無法有效思考／不易做決定／記憶力變差
九、自殺的念頭：自殺想法／自殺計畫或行為」

「我現在的身心狀況竟包含了以上所有的徵狀，看來我的憂鬱症十分嚴重。」我誠實回答。

憂鬱症就在你我身邊

「其實罹患憂鬱症的人遠比你想像的多。跟據世界衛生組織資料，近年罹患精神疾病的人數急據上升。估計未來數年，全球可能有多達十%的人口成為憂鬱症患者，即每十個人便有一個，好像便利商店一樣更有一個在你附近。」心理治療師比喻說。

「所以即使我逃得過憂鬱症，也並不代表與我無關，因為我的家人或朋友極有可能成為下一個受害者。」我隨便數出自己認識的十個人。

「憂鬱症勢將打敗眾多難纏疾病，如心臟病、糖尿病或多種癌症等，榮升人類第二大健康負擔。但嚇人的不只是患病人數，其發病率與治療難度也同樣讓人震驚。憂鬱症的第一次發病年齡不斷年輕化，最多的竟是在二十多歲的族群，而且更有不少個案是屬於十來歲的青年人。

憂鬱症有極強的生命力與持續性，大有演變成長期疾病的趨勢。調查發現有大約二十五%的患者一年後病情依然持續，約二十%的患者兩年後仍舊憂鬱。患者即使完全康復，也有高達五成的復發機會，復發率之高可算是眾精神疾病之首。」心理治療

師搖搖頭。

「憂鬱症好像變成了現代社會的文明病，但為什麼人類社會越進步，憂鬱症的情況越嚴重？」

「這是因為人類的精神文明不但沒有進步，而且一直在倒退，人的心理健康也同樣被忽視忽略。現今的人類不只跟大自然疏遠，跟自己的內心更是漸行漸遠。

造成憂鬱症的原因多不勝數，可以是突如其來的生活劇變，可以是不能逃脫的生老病死，或是無窮無盡的貪瞋妄念。即使是同一悲劇，放在不同人身上，也可能引發截然不同的局面。但其實憂鬱症的真正成因只有一個，那就是人的一念之差，所謂一念天堂，一念地獄。

雖然我不能羅列憂鬱症的所有可能原因與形成過程，但希望透過我的心理學專業角度，與你的種種親身經歷，明白憂鬱情緒如何在你身上一點一滴的形成。希望你可以看清憂鬱症的真正面目，這是作為心理治療師難得的親身體驗。」心理治療師教授我憂鬱症的知識。

「一般來說，憂鬱症的病人大都是完美主義者，對世界常有不切實際的期待，對自

己常以過高的標準審視，因而壓抑了大量的失望與憤怒。無法宣泄的負面情緒只好找自己做懲罰對象，透過不斷的自虐，形成一種受虐者與施虐者的循環關係。在無力無望改變的孤絕環境下，最後只好把身心分離，跟外界斷絕，墜落至萬劫不復的黑暗絕望中。

當人處在一個不屬於自己的身體或地方，做著不喜歡的工作，或是過著不喜歡的生活方式，便自然而然產生一種抗拒排斥的感覺。內心為了減少負面情緒的影響，只好採取疏離的方式，讓自己跟不協調的身體與外在世界保持距離。」心理治療師張開雙手。

「所以我一直在排斥自己的身體及處境，不管是從前或是現在。」我求證。

「無論是之前的警察工作或是意外後的傷殘身體，都是你內心所不認同、不能接受的。因此你常感到自己跟身旁的人格格不入，跟周圍的環境不能協調，就像一塊多出來的拼圖，總找不到合適的存放位置。不管你把自己放在最雜亂的地方，或是最不起眼的邊緣角落，那種突兀感還是無法解除。

為了盡力消除這種不和諧的畫面，你嘗試修改自己的外形，盡量迎合環境，以減低落差縫隙。若還是不夠，你甚至可以把自己褪色淡化，漂去本身的色彩亮光，讓自己變得透明，好讓別人也忘記你的存在。

然而即使你成功磨合了種種的不協調，內心的矛盾與疏離卻是有增無減，大量的憤怒與失望開始積聚。你感到迷失與恐懼，害怕自己變成別人，害怕每天變得同樣可怕。你開始討厭自己的膽小怯懦，氣自己的無能為力。」

「最後大量的負面情緒無從宣泄，只好向自己進行反噬，找自己作為懲罰的唯一對象。」我補充。

「這種自虐苛待的關係不斷蔓延，在毫無出路的情況下，希望幻滅，絕望形成，憂鬱的情緒也堅不可摧了。憂鬱症的可怕不只在它的牢固，它更讓人盲目，使人看不見任何希望的亮光，死亡往往成了患者的唯一救贖，自殺成了患者的最後選擇。」

「當身陷憂鬱深處時，死亡的確是我腦海裡唯一出現的救贖。」我點頭承認。

「面對無常的生命，恐怕無人可對憂鬱症免疫。」心理治療師安慰說。

解構憂鬱風暴

「只要細心觀察思考，不難發現一個驚人的事實——原來真正傷害、困擾你的不

是情緒或念頭本身，而是你對它們所做出的反應！」心理治療師道出精神疾病的主因。

「所以是我對負面情緒的不良反應，而導致了後來的憂鬱風暴。」我說。

「比方說，有時你內心出現的，可能只是一片驟然飄過的黑雲，但你卻把黑雲吸引過來，不停為它施肥灌溉，像自導自演般把它轉變成狂風暴雨，最後造成好幾天的壞天氣、壞心情。

最初的一念可以輕易發展成一個漩渦，把人牢牢地綑綁其中，像坐困愁城一樣，這也是為什麼人常產生焦慮、憂鬱、壓力、苦惱的主要原因。雖然無法防止負面情緒的出現，無法拒絕自我批判的念頭，也不可能完全避開悲傷不快的記憶，卻可以不被這些負面心念牽著鼻子走，可以停止提供養分，並阻止負面思維網絡形成。」心理治療師解釋。

「在身受重傷的那段時間，我阻止不了負面情緒的複製湧現，最後被排山倒海的黑暗絕望徹底打敗。」我承認。

憂鬱的心境

「現在留心細看，你的重度憂鬱症是如何被你一手築成，你又如何編織出整個病態網絡思維。

一直以來，你根本不是在跟什麼病魔戰鬥，而是在跟自己的心魔糾纏、捉迷藏。結果你的體力、心力全虛耗在自我抗爭與自我逃避之上，你的信念、信心與意志，全被自己製造出來的負面心念蠶蝕摧毀。這不但延緩了治療的良機，吃力不討好之餘，更大大加重了身心的無謂負擔。

面對突如其來的不幸及不治腳患，你根本不懂如何面對，內心首先湧現出大量害怕、焦慮、不安等負面情緒。由於你要強自堅強鎮定，唯有把這些驚恐情緒都重重地壓抑下去，於是內心積聚了大量負面能量，得不到適時的疏導及處理。

積聚的害怕情緒慢慢開始發酵，吸引出更多不好的念頭想法：擔心治療徒勞無功，害怕腳患日益轉壞，憂慮工作仕途就此結束，不安自己終成別人的負擔等。同一時間，無端的憤怒情緒不時來襲，你不斷在問：『為什麼是我？』你感到不公平、不

甘心，不明白自己為何落得如此下場。但怨天尤人並沒有為你帶來絲毫解脫，只把你的心結綁得更緊更實，悲憤等負面情緒只反過來撲向自己的內心。」心理治療師準確地說出我當時的心境。

「所以，我的害怕情緒與憤怨心境是第一塊憂鬱基石。」我說。

憂鬱的身體

「接著，你的身體對這負面心境做出了強烈回應。身體多處的骨折與大小的傷口，不但給你帶來極度的痛楚，還有極端的不便。你被困在狹小的病床與輪椅上，四肢被包裹得像木乃伊一樣，不能伸展，不能洗澡，有時候疼癢難當，有時候痛苦萬分。錐心之痛不但日夜煎熬折騰著你，更時刻提醒你將不能走路，將變成殘障。

這一重重的身體枷鎖，讓你感到極不自由，就連做一件簡單的事情都得依靠別人。你像被困於一個討厭的皮囊裡，睡不安枕，食不下嚥。你害怕看見鏡子，害怕看見自己憔悴的面容、傷殘的身體、垂頭喪氣的樣子。這樣的身體能帶給你的，只有無

限的鬱悶心情，更多負面的心念想法。」心理治療師在推著一張空的輪椅。

「所以，疼痛與不自由的身體成為了第二塊憂鬱基石。」我回應。

憂鬱的環境

「害怕焦慮的情緒、疼痛鬱悶的身體，最後成功打造出孤立無援的環境。由於活動能力受到嚴重限制，你的生活空間被不斷壓縮，被迫放棄所有能帶來歡樂的活動。你不能如往常般流連喜愛的書店、咖啡館或電影院，只能疲於奔命地往返醫院及診所。

你的生活環境都像跟疾病掛勾，空氣中充斥著消毒藥水與中草藥的氣味，到處可聽到病人的嗟嘆哀號。日常讀物換成了艱深的醫書藥典，只暗暗渴望從病例中找到奇蹟。美味可口的食物從飲食清單中消失，取而代之的是噁心的止痛膠囊。你彷彿被一層無形的愁雲慘霧籠罩著，看到、聽到、聞到、想到的，都是跟疾病有關的東西。」

分析師在空氣中噴灑了像消毒藥水的噴霧。

「原來，我的生活環境也一同得了重病，將我進一步自我孤立隔離，誘發出更多

負面情緒與心念，成了第三塊憂鬱基石。」我感到自己像重回醫院一樣。

憂鬱的記憶

「當負面的心境、身體與環境形成到位，就只等待最後的憂鬱基石降臨，築成整個負面的病態思維網絡。在意外發生前，你的人生也算如意順利，潛意識裡根本沒有太多負面的傷痛記憶。你可能會問：『大量的正面記憶不是能有效阻止負念的形成出現嗎？』

這正好是人心奇妙難測的地方。如果錯誤運用你的正面回憶，同樣可能帶來破壞性後果。當時我因為不敢面對傷殘的現實，害怕想像無望的未來，只好選擇活在自己美好的回憶裡。你不斷緬懷從前的美好生活，追憶身體受傷前的自由自在，更把一個又一個完成的夢想成就重新翻出，重新自我肯定。但這些本來美好的回憶，竟變成了最痛的刺針，一根根釘在你的內心深處。」

「所以，我過去的夢想、成就頓成了人生最大的諷刺傷痛，強烈的對比誘發出更多負面情緒，並把身體的痛楚無限放大。」我道出最後的一塊憂鬱基石。

醫病者的共同盲點

心理治療師停頓了一下，站起來走到他的專業音響前，按下了幾個不同的按鍵。然後，莫扎特的 K626 號作品《安魂曲》徐徐播放，曲聲肅穆哀愁。

「當這負面的憂鬱網絡一但形成，只要隨便碰到一個負面的念頭或情緒，當中的吸引力思維便會自動連線啟動，不斷互相餵養、反饋增強，釀成一場又一場的情緒風暴。最後，你就只有墜落憂鬱症的無盡黑暗絕望裡。」心理治療師總結。

「一直以來，我都以為自己是一名專業的心理治療師，絕不會患上心理疾病。直至遇到這次意外，我才發現自己從來沒有當過一位真正的心理治療師，從前盲目自信的心理治療師，已隨這場意外死去了，變成了同樣盲目絕望的傷病者。」我垂著頭。

「但也許只有透過傷病者的眼睛，心理治療師才得以發現一個又一個治療的祕密。現在是時候重新學做自己的心理治療師，學習如何治癒自己的心靈。」心理治療師鼓勵說。

在這之前，我一直以為自己跟患者的心有多麼接近，對患者所論述的心理狀況有

多麼深切的體會，但原來我不曾跟患者站在同一條線上看世界，也沒有真正觸摸過他們悸動的心。當我變成傷病者後，我徹底經歷了心理病患者口中的病態思想與負面情緒，確切地體驗到壓力、焦慮、恐懼、無助、絕望的煎熬與恐怖。這次的意外讓我有機會逆轉角色，從專業的心理學家變成絕望憂鬱的傷病者，我第一次以患者的眼睛觀看心理治療的世界，看到了從前看不見的治療盲點。

這時我才發現一個事實，即使在治療的同一天空下，心理治療師與患者永遠是處在兩個截然不同的世界。不管心理治療師有多敏銳的洞察力，有多淵博的心理知識，或多強烈的同理心，心理治療師永遠只能虛擬患者的心境與感受。這就像在觀看電影一樣，觀眾跟故事的主角一起同歌同泣，盡情投入，理解並模擬他們。但心理治療師與患者之間真實存在的，卻是一道永遠不能穿越的玻璃惟幕。

想要真正進入患者的心理世界，除非你擁有進入那絕望領域的鑰匙，但辦法只有一個，就是變成他們的一分子。鑰匙並不是靠專業知識、想像力或是同理心所鑄造的，而是靠痛苦的真實經歷換取來的等值交易。

所以，只有真正嘗過憂鬱絕望的人，才能擁有憂鬱世界的鑰匙，穿越那道透明的

帷幕，跟他們並肩而行，一同呼吸——這就是心理治療師與患者的永遠隔閡。

這讓我想到心理治療師最常聽到患者的一句話：「你不是我，你不會明白的。」心理治療師總是回答：「我可以想像你的處境，我能理解你的心情，我完全明白你現在有多痛苦無助。」

雖然這都是心理治療師真心真意的體恤與安慰，但再多的真誠，再努力地把自己投進患者的世界，虛擬體驗或是模擬患者的感受，都無法改變真實與想像之間，還是存在一道看得見卻難以跨越的距離。

明白了這點，不但沒有讓我感到氣餒，相反地，讓我發現治療的另一個重大祕密。原來每個人都可以成為自己的心理治療師，亦都只能成為自己的心理治療師，因為除了你自己以外，沒有人比你更懂得你的真實狀況，你內心的渴求。不管多專業、多厲害或收費多昂貴的心理治療師，也永遠只能從旁協助患者，讓患者替自己進行治療。同樣地，只有患者才擁有真正的能力治療自己，所有的治療都是透過患者自行啟動，然後再作用反應在自己身上，所有的療癒都是自我療癒。

我明白到心理治療師最重要的工作不是理解病人，而是讓病人了解自己的心理需

要；心理治療師也不是在治療病人，而是協助病人進行自我療癒。病人也不需再抱有不切實際的幻想，期望心理治療師能走進你的世界，替你改變內心的設定，除去絕望與傷痛，因為所有的治療只能在傷病者的內心世界裡進行。

即使心理治療師真的有能力潛進患者的內心世界，替患者更改潛意識裡的病態設定，這對患者也絕不是一件好事，因為這等同剝奪了患者自我了解、成長與學習的機會。患者不靠自己解決問題，問題終究會再次出現，就像輪迴一樣。

原來當人能真正接受並面對自己的遭遇不幸，才有機會看到治療的曙光，真正成為自己最好的心理治療師。

「所以如果不幸罹患危急重病時，先停下來什麼都不做，可能遠較急病亂投醫更有作用與意義。」我醒悟過來。

「停下來，準備身心，就是為了要走更遠的療癒之路。」

憂鬱的終極治療

「憂鬱症是一種難纏的精神疾病，因為憂鬱情緒能不斷自我複製、循環再造，當病態的負面思維一旦形成後，患者就像坐困愁城一樣，只看到無助與絕望，但其療癒方法卻是十分簡單，患者不需服用任何藥物，不需倚靠任何專業技能，只需要學會轉念，重新觀看世界，重新感受身邊事物。」心理治療師對我解釋治療的方法。

「只要學會轉念。」我重複。

「轉念是所有情緒疾病的根本治療良方，患者只有廢除舊有的病態認知，放下二元對立的判別心，嘗試接受與擁抱自己的不完美，才能轉化這股負面能量，中斷自我苛責的鎖鏈關係。這轉念可以發生在一瞬間，但也可以蹉跎一輩子，你認為容易的確很容易，你認為困難也十分困難。

心理學專業提供了許多方法技巧幫助患者學習轉念，其中以『內觀放鬆法』與『正念意象法』最為簡單有效，療效得到大量的臨床心理實證支持。我現在替你進行的正是這種療法。」心理治療師把房間的燈光調暗，並在桌上點起蠟燭。

內觀放鬆法

＊可參考「聲音療癒」光碟內鍾灼輝博士與趙安安博士的示範

「『內觀放鬆法』的重點是：讓人把思想與感覺拉回當下，透過呼吸放鬆法消除身心的壓力，紓解積存的鬱結情緒，藉著內觀把注意力轉向身體，再一次感受並探索自己的身體，把身心重新連結。在整個放鬆練習中，患者試著以不批判的態度跟自己相處，既不刻意讚美也不故意責備，是一種簡單易學的壓力放鬆練習。

在進行內觀放鬆法前，請先選擇一個寧靜舒適的環境，預備一顆願意改變的心。療程時間可因應不同需求而自由調整，整個過程可短至十分鐘內完成。我建議你在起床後進行這內觀放鬆練習，當作是身心的早晨運動，為自己注入正面的思維能量，以全新的自己體驗全新的一天。」

心理治療師正式開始替我進行治療。

「先讓自己的雙眼輕輕閉起，把身體調整到一個舒適的位置，然後深呼吸三次，正式開始內觀放鬆練習。

首先把手放在小腹的位置，改以腹式呼吸，吸氣時小腹隆起放鬆，吐氣時小腹凹

陷收縮，注意一吸一吐腹部起伏的動作，慢慢習慣這種舒適的腹式呼吸。

把你的呼吸盡量放慢，讓呼吸盡量深沉。徹底地深深吸氣，一直將新鮮的空氣吸進小腹的丹田位置；然後再徹底地吐氣，把所有廢氣從身上吐出。再次深深吸氣，會讓你感到舒適飽滿。再次徹底吐氣，會讓你感覺放鬆自在。

首先放鬆你的身體，從頭到腳逐一解除你對身體的控制，讓身體放鬆，如海綿般輕盈自在，恢復原來的彈性。隨著每一次的呼吸，身體逐漸放鬆。呼吸，頭部放鬆，五官放鬆，腦袋放鬆，整個頭部都鬆開來了。呼吸，身軀放鬆，頸部、胸部、腹部、背部放鬆，五臟六腑跟著放鬆，整個軀體都放鬆軟化。呼吸，四肢放鬆，肩頸、雙臂、雙手放鬆；大腿、膝蓋、小腿、腳掌放鬆，四肢都徹底放鬆。再呼吸，全身每一根毛髮、每一道毛孔、每一個細胞都完全放鬆，如棉花般輕柔輕鬆。

這次吸氣時，想像你正將溫暖的能量，帶入身體裡任何一處緊張疼痛的地方；吐氣時，將緊張的壓力消去。你透過呼吸把能量帶到身體所有不適的地方，讓每個部位得到放鬆、軟化與溫暖，所有的壓力、不適與疼痛隨著吐氣送出體外。

把你的注意力轉向身體，感受身體有哪裡不適。從頭部開始，透過呼吸為你送進

溫暖的能量，解除所有感受到的緊張與疼痛。繼續呼吸，注意力轉到你的頸部、你的雙肩，感受哪裡還有壓力與不適，讓溫暖的能量緩緩流過。

將你的注意力轉向背部，沿著每一節脊柱下行到尾骨，若有感受到任何的不適和舒適，純然地接受與擁抱。再將你的注意力轉向胸部和腹部，以超然的感覺感應哪裡還有緊張、疲倦或負面的情緒。

將治癒的能量吸進，不適的感覺會得到緩解，然後吐氣，隨著深沉平和的呼吸，注意力轉向你的雙手與雙腳，一直到你的手掌與腳趾，感覺哪裡還有任何緊張疼痛，不讚美也不責備，接受它們的任何不安與不滿，吸氣送進溫暖的能量，吐氣帶走不安的感覺。

就這樣審視你身體的感覺，以不批評、不判斷的超然態度探索，檢視身體一直以來積存的不適與焦慮，以呼吸進行療癒，因而讓你跟自己的身體重新認識，你越來越能傾聽你的身體，感受到它的需要與想要傳達的訊息。你的身體是你最長久的朋友，是你最能信賴的伙伴。」

心理治療師讓我安住在這感覺上，給我充裕的時間跟身體溝通。

「感覺怎麼樣？」心理治療師輕聲問我。

「我感到全身無比放鬆，好像剛才進行一趟身體旅行，探訪了身體的每個部位，跟每個細胞逐一打招呼問好。我發現自己跟身體原來這麼疏離，現在我重新認識它們，重新關心並聆聽它們。」我把這奇妙的感覺說出來。

「很好，你做得非常好，繼續以不批評的態度，重新跟身體建立友好的關係。」心理治療師鼓勵說。

正念意象法

*可參考「聲音療癒」光碟內鍾灼輝博士與趙安安博士的示範

「完成『內觀放鬆法』後，你可以接著進行『正念意象法』。正念思維的概念其實源於東方的哲學禪修，近年來在西方受到極度重視，更發展成心理治療的一股新興力量。以正念思考，就是學習以不批判的態度觀看事物，完整覺醒地活在當下。在日常生活中，身心常處於分裂狀態，身體在這裡，心思卻迷失在過去和現在，可能被憤

怒、仇恨、嫉妒或焦慮情緒所控制。

『正念意象法』能有效讓人脫離過去不愉快的記憶，或是對未來的擔憂，回到現今當下。透過不同主題的意象觀想，重新塑造人的五官五感，在除去頑固的情緒與固執的迷思後，以全新的感官再一次體驗生活的美好感覺。」心理治療師解釋。

「現在放鬆你的思想，放下過去的回憶，放下未來的擔憂，感受每一次的呼吸，讓思想回到每一秒的當下。再次放鬆你的內心，你的內心自由而空曠，在一呼一吸間得到了平靜。將你的注意力轉到內心，感受哪裡還有憤怒與鬱悶的情緒，你接受這些可能出現的負面情緒，藉著呼吸將它們送走。你以超然平和的意識注意你的呼吸，將心中產生的一切負面情緒、討厭的想法，隨著呼吸一同吐出。

再次呼吸，你的內心感到寧靜與和諧，就像一片沒有漣漪的湖泊一樣。你現在感到身心安全、舒適、放鬆，重新尋回一顆清明的平常心。

將注意力轉向你的眼睛，深深的呼吸，溫暖的能量緩緩流過你雙眼，把你的眼睛重新洗刷乾淨，讓你擁有清晰明亮的視野，能以新的高度及寬度看清事物的本質。將注意力轉向你的耳朵，再次的呼吸，能量流過你雙耳，讓你的聽覺恢復聰慧敏感，能

再次傾聽內心與大自然的呼喚。再將你的注意力轉向鼻子，吸氣時清新的空氣幫助你清洗汙濁的呼吸道，吐氣時將所有積存的穢氣排出，讓你尋回天賦無染的嗅覺，能追蹤天地純然的原始氣味。

注意力轉到嘴巴，一呼一吸間，新鮮的空氣替你沖刷潔淨舌上的味蕾，讓你味覺恢復清爽敏銳，能再次品嘗生活，品味人生。最後將注意力轉向你的皮膚，感受皮膚上的溫暖空氣，讓你重新尋回細緻透明的觸感，能再次感受人間冷暖，體驗天地有情。

你現在帶著一顆清明的心，換上新的五官五感活在當下，以無條件的美去感悟內心與外在，與真實的自己相知相遇。」心理治療師完成正念認知的練習部分。

我感覺自己的五官好像被洗滌過，清新的五感頓時開啟。

「以下是一些意象主題的加強練習，每個人可按自己的喜好與需要隨意更改。」心理治療師把其中一個常用的海灘主題用作參考示範。

「現在想像一個場所，在那裡你能感到安全、平靜、放鬆，這個場所可以是真實的，也可以是虛構的；可以是室內，也可以是戶外；可以是你曾到過的地方，也可以是你一直想去的地方。這地方讓你感覺很好，讓你心情輕鬆、愉快。

這個地方在你心中無比真實，想像你已進入這個地方，這是一個海灘。用你的眼睛看清四周的景色，將自己的目光浸透到每一個細節中。抬頭向上，你看到蔚藍的天空，如棉花般柔軟的白雲在天上飄著，慢慢在流動。看看你的前方，你看到一望無際的海洋，海水清澈透明，小魚在水裡追逐嬉戲，你眼睛看到的都是燦爛繽紛的色彩。

聽聽這裡的聲音，風吹過樹葉沙沙作響，潮水淌過岩石，海浪拍打海岸，還有小鳥悅耳的鳴聲，只要你耳朵能享受的聲音，都能在這裡聽到。忽然一陣清風吹來，輕拂在你的臉龐上，你感到無比清涼舒服，你的皮膚一邊享受太陽的溫暖，一面享受微風的清涼。你深深地吸一口氣，聞到遠處傳來的花香，當中還夾雜著草莓的香甜，與海洋刺鼻的鹹味。

你赤著雙腳踏在細滑的沙灘上，沿著海岸線輕鬆散步。海水傳來醒腦的冰涼，讓你感到神清氣爽。你看著日緩西沉，金黃色的晚霞映照著豔紅的夕陽，一幅如詩的美景呈現在眼前，訴說著生命的美麗。此時此刻，你能身處此地，心裡充滿無限感激與感恩，你再一次感受到外在的美麗，感受到內心的寧靜與快樂。」

心理治療師請我再次張開雙眼，完成了意象認知法的示範。

「你每天試著練習這『內觀放鬆』與『意象認知法』，可幫助你學習轉念，重新觀

看世界，重新感受身邊事物。即使身體殘缺，你仍然可以感受生活的美好，只要你能走出絕望的黑暗，你便會發現燦爛的陽光，色彩繽紛的世界。」心理治療師說。

「就像剛才在沙灘的感覺一樣。」我回答。

「記著，憂鬱症的最好預防方法，是時時刻刻跟大自然、跟自己內心親近，保持一顆清明的平常心。」心理治療師最後囑咐我。

「謝謝你，心理心理治療師！」我跟心理治療師告別。

第九章　做自己的痛症治療師

痛症治療師的房間在走廊左邊的第三間房間，房門上寫著「痛症室」。按照慣例我輕輕敲門，等待門梁上的綠燈亮起後推門進去。痛症室的大小跟我的臥房差不多，房間擺設也極為相似，靠窗戶旁有一張小桌子，上面放了泡茶用的器具；牆上木製的書架，放了兩排與生活藝術有關的圖書。房間的中央是空的，故意保留著相當的活動空間，因為當中放了兩張寬大的椅子，而且是有輪子的座椅，原來是輪椅！

痛症治療師身形瘦削，頭髮有點凌亂蓬鬆，鬍子像是有一段時間沒有好好刮過。痛症治療師的裝扮十分隨意，剛好跟心理治療師形成強烈的對比。他坐在輪椅上的樣子，簡直就是一個典型的長期患者。

「難道痛症治療師也是一名殘障人士？」我心裡想。

「請過來坐吧。」痛症師並沒有從輪椅上站起來。

「你好，我是一名長期痛症患者。幾個月前，我得了一個複雜、罕見的病症，疾病的最大病徵就是極度痛楚，而且這不是普通的疼痛，而是吃下強力止痛藥後仍痛楚

難耐。除非我能把病治癒，否則別妄想痛楚會減退或消失。最近我已重拾信心，並走出了心靈殘障的陰霾。

我相信最終可把這腳傷頑疾治癒，但恐怕在可見的將來，這痛楚還會持續好一段日子。所以，我必須盡快找個有效方法處理這疼痛，這樣才可專心治療我的頑疾。」我道明來意。

痛是心理也是身體的疾病

「你知道什麼是痛嗎？現今醫學和社會普遍把痛楚看待成一種疾病，如疼痛持續出現三個月或以上，便可被判斷為患上長期痛症。較常見的長期痛症包括有頭痛、關節痛、神經痛及肌肉痛等，痛感可以有不同的表現，如像針刺、火燒、刀割、痠麻或腫脹。」通症師開始為我診斷。

「我的痛楚有時像針刺，有時如刀割。」我回答。

「從醫學角度，痛楚是有明確的生理機制可追尋及解釋的。當身體受到傷害時，

受傷部位的神經細胞便會釋出大量信號，訊號經由脊椎傳送到大腦，再分析信號的感受類別與程度，從而感到痛楚並作出行為反應。大腦把反映疼痛的信號傳送到脊椎內的脊髓背角，這裡是主要控制疼痛訊息發放的地方，也是眾多神經的交錯會集處。」痛症師向我展示一幅複雜的脊髓神經圖。

「跟據資料顯示，大約百分之十至十五的人患有長期疼痛，當中七成患者更表示疼痛對日常生活、社交及工作能力構成嚴重負面影響。同一時間，長期痛症患者容易出現疲倦乏力、自我隔離、無助無望等憂鬱徵狀，可說是憂鬱症的高危族群。所以痛是心理也是身體的疾病。

一般處理痛楚，最快捷的方法是服用止痛藥，簡單而直接，對急性創傷或手術後所引起的疼痛有顯著效用。但很多慢性疾病如慢性炎症、感染、各類癌症、慢性懷死或關節退化等，會令神經細胞持續發出痛楚訊號，造成慢性痛症。有些神經創傷，即使復元後神經也可能變得異常敏感，造成長期疼痛困擾。所以痛不一定是病，吃止痛藥更可能越吃越痛。」痛症師進一步解釋。

「所以我希望找到比止痛藥更有效的心理療法，讓痛楚的感覺暫時從身上消失。

除了西醫外，我曾嘗試找中醫或物理治療師幫忙處理我的長期痛症，但所有人都表示束手無策，這彷彿成了電影中湯姆．克魯斯接的『不可能的任務』。為了減低痛楚對日常生活的影響，以及對情緒帶來的不穩定，我每天只好吃大量的止痛藥。」我把治療痛症的經過說出。

「為什麼痛楚對你有如此巨大的影響？」痛症師問。

「自意外後，我的右足踝關節開始枯竭壞死。骨枯的最大病徵就是疼痛，而且不是一般的痛，是一種難以忍受的刺痛與痠痛。不幸的是，足踝是承受全身重量最重要的支點，沉重的壓力加速了病情的惡化，同時還增加了我的痛苦感。這痛楚已經持續了好幾個月，而且強度與頻律正不斷增加，有時候就像我的呼吸與心跳，時時刻刻提醒著我。慢慢地痛楚成了我現實生活中最大敵人，對日常生活構成了嚴重的負面影響，令我不能集中精神做任何事情。」我慨嘆道。

「所以痛楚是你現實生活中最大的敵人，每日每夜不停地騷擾著你。這不斷出現的疼痛對你生活構成嚴重負面的影響，令你不能集中心力做任何事情，無法享受痛楚以外的一切。」痛症師在模擬我的感受。

「你不是我，你不會明白我有多痛苦與困擾。」

「我想我懂你的感受，因為我也一樣。」痛症師感同身受地看著我。

「對不起，我不知道你也是長期痛症的受害者。」我像跟自己說話一樣。

「其實痛也沒有這麼可怕，只要你能看清痛的真面目，試著不要去討厭它，你會發現它也有可愛的一面。」痛症師苦笑說。

「小時候常聽到老人家感慨說，人生是充滿了各式各樣的痛楚，只要有呼吸便會有痛的存在。從前沒有聽懂這話的意思，以為只是老爺爺的風濕病又發作了，沒想到後來卻親身印證了這番說話。回想起我的墜機意外，痛楚是回到現實世界的第一個感覺，痛好像在提示說：『你仍然活在這個世界上。』」我同樣苦笑。

與痛同行

「那你現在是怎樣處理你的痛症？」

「我為了減低痛楚的影響與煎熬，只要發現腳痛可能出現的蛛絲馬跡，便立刻服用強力的止痛藥以防萬一。只是腳痛情況一直沒有絲毫改善，長期服用止痛藥亦成了我的習慣。隨著止痛藥越吃越多、越吃越強，我的肝臟與腎臟後來更出現了衰敗的後遺症。」我說。

「對於長期痛症，止痛藥即使能發揮短暫效用，但長期服用卻跟毒品無異。止痛藥不但讓人依賴，更會引起不少副作用，對內臟器官造成損害。至於其他的生理止痛法，如注射麻醉藥以阻斷神經訊號傳遞，或神經切斷手術等，同是治標不治本的辨法，也並非對所有痛症或所有患者有效。

止痛劑只是暫時切斷神經傳遞痛苦的感覺，是一種自欺欺人的鴕鳥對策，長期依賴更會像吸毒一樣染上毒癮。既然你已經清楚知道，你的康復將是一個十分漫長的過程，你何不考慮換個想法，嘗試接受與痛楚和平共存。」痛症師提議。

「和平共處？有可能嗎？」我懷疑地說。

「那逃避或拒絕它，又有可能嗎？所謂的和平共處，只是讓它在你的生活中安靜下來，不再大吵大鬧。」

「那如何讓它立刻閉嘴?」我心急地問。

「你現在要做的不是命令它閉嘴，而是重新認識痛楚。」

「其實痛楚只是一份感覺，可以是發自內心或源於身體，性質沒有好壞之分，作用是提升人類的生存效能。痛是一種危險的提示，如身體受到創傷時，患處便會立刻釋出大量痛楚感覺，告訴我們趕快逃離危險源頭。這可以說是一種與生俱來的保護警示裝置，以條件反射形式自動運作，是一項快速而有效的保命本能。

除身體外，痛楚亦可發自內心，是潛意識的重要訊息載體，告訴你內心正受到傷害，內心真正重視的人事物。潛意識透過傷痛有效發洩失去、愧疚、憂傷等負面情緒，讓人意識到內心的巨大壓力，從而做出相應的心理調整。

面對長期痛症，唯一有效的方法是學習如何與痛同行、與痛和平共處，而非想盡辦法消滅或抑壓它。」痛症治療師侃侃說著。

「我曾經遇過一個長期痛症的個案，患者是一名職業女性，她長期患有嚴重的偏頭痛。她的偏頭痛主要是由壓力引致，但剛好她又是一個抗壓性非常低的人，不論是工作或家庭瑣事，只要讓她感到一丁點的壓力，偏頭痛這老毛病便會發作。為了不影

響工作與家庭，只要一發現頭痛的蛛絲馬跡，便立刻服用止痛藥以防萬一，她長期服用止痛藥已有二十年之久。

然而，她的偏頭痛不但沒有絲毫改善，止痛藥更越吃越多、越吃越強，後來更引起了其它器官衰敗的後遺症。在整個痛症諮商過程裡，我除了教導她如何面對及處理壓力外，最重要的是讓她學會跟壓力與痛楚共存，因為兩者都是她生活的一部分，並不是什麼可怕的洪水猛獸。」痛症師舉例說明。

「在另一個個案，患者是一名長期腰痛的退休男士，他的腰痛在十年前的一次意外受傷後出現，那次意外根本沒有傷及他的腰部，醫院幾年來替他做了大大小小幾十項的檢查化驗，但完全找不到任何受傷的跡象，也查不出引起痛楚的原因，但這一痛便持續了十年。他不想單靠止痛藥過活，到處訪尋另類名醫，但效果皆不顯顯著，花費了大部分的退休金在治療上，生活品質亦隨之下降。

我在一次替他做催眠治療時，他回到了前世，看見自己曾是一名士兵，在戰場上被敵方射殺了，而中彈的地方剛好是他的腰背，這恰好解釋了他長期腰痛的原因。暫且不論這是真的前世回憶，或只是潛意識對現實痛楚的另類投射，這痛症可能是永遠

治不好的。患者真正需要學習的，是在這長期痛症的陪伴下，如何好好享受痛楚以外的其他生活。

於是我在另一次的催眠過程中，帶同一位外科醫生回到他受傷的時空，醫生在那裡替他拔掉彈頭，並進行適當的治療包紮。他感到前世的創傷被療癒了，可以擺脫這前世的夢魘。再配合正念認知治療，結果他的腰痛於一個月時間完全消失了。」

「最後，兩個個案都能擺脫長期痛症的煎熬，不再把痛跟其餘的生活綑綁在一起，不再視『痛』為所有身體感覺的唯一焦點。當放棄把痛列為快樂的頭號敵人後，痛的感覺反而減少了，痛的困擾也只局限在身體層面上，心情終於恢復了原來的平靜。」痛症師分享他的案例。

「我明白為什麼兩個患者都有著相同的盲點，為什麼他們只看到痛楚，而忽略其他所有的感受，因為我也有著同樣的眼睛。」我說的是治療師看不到的盲點。

「你說的是治療師的盲點吧。治療師永遠不能真正懂得患者，除非他變成一個真正的患者，才能跨越那道透明的牆。」痛症師又變回一個長期病患說著。

「所以最重要的是自己看到這盲點，然後換上新的眼睛看事物。」我總結說。

「你現在要成為自己的痛症治療師，停止對止痛藥的依賴，重新學習如何與痛同行。其實痛楚跟快樂，殘障跟自由，並不是如你想像般的敵對，可以是共存的關係。」

「唯一能處理這痛楚的人就只有自己，因為每個人都是自己唯一的治療師，所謂治療，就是這麼簡單又殘酷的一件事。」我記得心理治療師曾這樣對我說。

「你說得沒錯，但我可以告訴你如何進行這痛症治療，這不正是治療師的責任嗎？我使用的是『正念認知療法』，這跟催眠師與心理治療師之前採用的方法有點類似，是最適合處理長期痛症的心理療法。我首先將你帶進潛意識，讓你看清楚『痛』在你心裡的真面目。」痛症師說。

「就像催眠一樣進到自己的潛意識。」我表示明白。

看清痛楚眞面目

痛症師開始替我進行治療。

「先讓自己的雙眼輕輕閉起，把身體調整到一個舒適的位置，然後深呼吸三次，讓身心放鬆，Relax……Relax……Relax……

把你的呼吸盡量放慢，讓呼吸盡量深沉。徹底地深深吸氣，一直將新鮮的空氣吸進小腹的丹田位置，然後再徹底地吐氣，把所有廢氣從身上吐走。再次深深吸氣，讓你感到舒適飽滿。再次徹底吐氣，讓你感覺放鬆自在。

首先放鬆你的身體，從頭到腳逐一解除你對身體的控制，讓身體放鬆，如海綿般輕盈自在，恢復原來的彈性。隨著每一次的呼吸，身體逐漸放鬆。呼吸，頭部放鬆，五官放鬆，腦袋放鬆，整個頭部都鬆開來了。

呼吸，身體放鬆，頸部、胸部、腹部、背部跟著放鬆，整個身體都放鬆軟化。呼吸，四肢放鬆，肩頸、雙臂、雙手放鬆；大腿、膝蓋、小腿、腳掌放鬆，四肢都徹底地放鬆。

呼吸，全身的皮膚與肌肉完全放鬆，全身每根毛髮、每道毛孔都徹底放鬆。再呼吸，全身的器官與內臟都跟著放鬆，放鬆的感覺延伸進身體內部，每個細胞都完全放鬆，如棉花般輕柔輕鬆。

你的身體現在進入一個極度鬆弛的狀態，徹底地從上到下、由外至內得到了放鬆。記著這種放鬆的感覺，在整過程保持這身心放鬆的狀態。

現在想像一個白色的銀幕出現在你面前，就像電影院裡的銀幕一樣。集中精神看著這個銀幕，銀幕上將放映有關你的痛楚片段，你對『痛』的回憶。

跟著用心感受右足踝關節帶給你的痛楚，從骨骼深處滲透出來的疼痛，痛經過中樞神經傳到你的大腦，慢慢發揮作用，發揮它的影響力……」

「現在看看銀幕上出現了什麼畫面？」痛症師問。

「我感到右足踝的隱隱刺痛，我看到銀幕突然亮起來了，好像在播放著什麼似的。」我回答。

「留心看著銀幕，看看有沒有你認識的人或熟悉的地方？」痛症師引導我說。

「我看到我自己，銀幕正在播放著我的日常生活片段。

第一個出現的畫面是我經常去的咖啡館，我一面看書一面喝咖啡，樣子看起來還滿享受的。但突然有一團黑影出現在我腳下，黑影就如我的影子般，從地下無聲地爬了上來，它手裡像拿著什麼尖銳的東西，突然往我的右足踝刺了幾下，本來看書看得入

神的我霎時皺起了眉頭，喝了一口咖啡繼續回到書本上，但黑影沒有因此罷手，它在我身旁不停地來回晃動，我雖看不到它，但仍能感覺到它的干擾。最後，我沒法專心閱讀，只好放棄，鬱悶地喝著咖啡。

現在回想起來，這情境的確在日常生活中發生過許多次，而且不只在看書的時候，看電影或聽音樂時也偶爾發生，就像有什麼東西讓我不能專注，不停地在身旁騷擾我，原來那看不見的黑影就是痛楚。

鏡頭一轉，出現在我面前的是一桌美味的食物，有我所喜愛的西班牙黑毛豬風乾火腿、法國貝隆生蠔、神戶炭燒和牛藍鰭金槍魚腩等，我非常陶醉地享受著人間美食。但正當吃得津津有味時，那團黑影不知從哪裡冒了出來，它竟然在我的食物上添加了各種辛辣苦澀的調料，把原來的味道徹底汙染，令我頓時胃口大減，平白浪費了一桌美味食物。

第三個畫面是我跟朋友把酒言歡的情境，有時候朋友因怕我無法走動會感到無聊，都會特地跑來跟我聚會聊天，笑談大家平常發生的趣事瑣事。從前我總是說話最多的一個，喋喋不休地分享我的精采故事，但如今我的生活彷佛停頓下來，只好安靜

地做個傾聽者。這一天黑影又不請自來，它把自己當成是席上的貴賓，站起來高談闊論自己精采的過去，只是席上沒有人聽見它在說話，於是它生氣地打翻了手上的酒杯拂袖而去，把整個氣氛弄得很尷尬，大家也就不歡而散。

最後的畫面是一個寧靜的夜晚，我安詳地平躺在床上正在熟睡，由於右腳踝的水腫難消，每晚睡覺時都要把腳墊高以幫助舒緩腫脹。此刻我的眼球快速地轉動著，嘴角牽起一絲微笑，應該正做著一個甜美的夢。黑影從床上悄悄起來，看見我睡得好夢正酣，感到十分不滿。它先是輕拍著我，但看我毫無反應，便惱羞成怒地翻動我的身體，我的右足踝因突如其來的扭動而感到強烈刺痛，瞬間我從睡夢中驚醒過來，冒了一身冷汗，陣陣的痠痛讓我徹夜難眠，我只好輾轉反側直到天亮。

然後銀幕上的畫面變成了一片空白。」

切斷身體痛楚的病態思維

「這些畫面都是你潛意識裡對痛楚的關聯影像，你想要繼續看嗎？」痛症師問。

「不用了。我一直嘗試忽略痛的存在，總是背對它或是對它視而不見。但當我越希望擺脫它，它反而把我抓得更緊，它就如夢魘般時時刻刻提醒著它的存在，如影隨形，片刻不離我的左右，原來它已被我列為生命中頭號的不受歡迎人物，心底對它恨之入骨。」我恍然大悟。

「當痛楚出現時，它不是單獨前來，而是帶著過去的負面經驗結伴同來，所以它的影響力才會如此巨大，這可算是另類的團結力量。此外，痛楚正涉足你生活中的每個範疇，從行住坐臥到飲食起居，已經牢牢地寄生在你生活中的每個環節。

痛不只單純帶給你身體上的不適，更重要的是剝奪了你享受生活的權利。你的享樂指數因它的突然出現而急速下降，你的焦點從原來喜歡的東西瞬間轉移到它身上，你變得在意它的一舉一動，最後卻忽略了本來美好的事物。其實痛與生活美好的感覺是可以並存的，它們不是此消彼長的關係，也不是互相替代的競爭對手。」痛症師說。

「我懂了，不管怎樣努力還是躲不過它，與其浪費氣力，倒不如欣然接受，既不喜歡也不憎恨討厭它。相反地，正因為它的存在更提醒我要珍惜生活的美好，把美好作為生活的焦點。痛不但不能剝奪我的快樂，反而讓我更能體會快樂，把美好的感覺相對放大了！這就是所謂的『與痛同行』嗎？」我說。

「是的，這只是一念之差，正是一念天堂一念地獄。過去你總是把痛跟負面情緒、不愉快經歷綑綁在一起，讓痛的勢力日漸強大，更形成了一個影響深遠的痛症網絡。但其實你也可以選擇擺脱這種病態的思維聯想，改以更真實的正念思考。」痛症師跟治療師應該是非常熟稔。

「以不批判、不操控的超然態度感受當下的世界。」我回應。

「我們現在先處理你的痛症思維模式，只要在潛意識裡把痛楚的關聯性思想與記憶找出來，再將這些病態認知思維一一切斷，便能有效管理痛楚對你的生活影響。」痛症師解釋。

「我知道該怎麼做，我現在要把這些病態認知思維切斷。」我回答。

然後，我逐一回顧這些跟痛楚自動連線的負面回憶。

我看到了自己因腳患而引起的種種難堪場景，就連簡單的生活小事也需別人協助，自己活像個廢人，頓時成了別人的負擔。原來我的感官已不知不覺被蒙蔽汙染，我只看到一雙雙煩厭的眼睛、一張張鄙視的嘴臉；只聽到一聲聲的譏笑，竊竊私語的冷嘲熱諷；只觸摸到一雙雙讓我深感自卑的援手，嘗到陣陣的酸溜與憂傷，聞到內心正在焚燒的憤怒氣息。我以手中的利刃在空中輕輕一劃，把這些透明的連線逐一劃破，整個痛症思維網絡瞬間被戳穿瓦解，我頓時感到腦袋的重量變輕了，心裡舒吐出一口長長的悶氣。

切斷內心痛楚的病態思維

「我們的治療還沒有完結，你的痛症思維還沒有完全破解，你也還沒從中得到完全的解脫。」痛症師說。

「我不明白，還有什麼牽絆著我嗎？」

「有，你心裡的痛楚。你身體的痛楚跟內心的傷痛正緊緊地綑綁在一起，每當你

感到右腳的疼，便自動觸痛起你內心的神經。」

「我內心的傷痛是什麼？」我一臉茫然。

「人生中的生離死別、得失榮辱，或是失去至親至愛，都會造成內心永久的傷痛，這些傷痛就如夢魘一樣，可能一輩子抓著你不放。所以學習與痛同行，不只是身體的疼痛，還有內心的各種傷痛，就如殘障一樣，可以是身體的，也可以是心靈的。」痛症師解釋。「你再一次看看自己的內心吧。」

痛症師請我再一次閉上眼睛，注意看著銀幕，感受內心深處發出的隱隱作痛……這次銀幕顯示的，並不是我意外後的生活，而是我受傷前的生活片段。銀幕分裂成多個不同的小畫面，每個都在播放著不同時候的我，就像在時間之流看到的景象。但不同的是，所有畫面都是我渴望康復後能做回的自己。

在其中一個畫面裡，我看到穿著專業潛水衣的我，在珊瑚群中來回穿梭，一面欣賞海底美景，一面跟魚兒追逐玩耍。另一個我站在白茫茫的雪山峰上，穿著一襲簇新的時尚滑雪服，架著反光太陽眼鏡，從雪道中央風馳電掣地俯衝下來。還有重回學生時代的我，雙腿有力地背著大背包走路，在歐洲大街小巷穿梭遊歷，趕著最後的末班火

車，探索未知的新國度。除此之外還有一些浪漫的片段，跟從前的女朋友手牽手並肩漫步，走過沙灘看日落，爬過山峰看日出。還有更多更多……

「你看到了嗎？你一直在眷戀從前的生活，懷念那個健康健全的自己。你的過去在此刻變成內心的傷痛，變成你現在生活的包袱。」

「我一直放不下以雙腳走路的過去，我總覺得那才是我人生的高峰，最美好的生活時刻。那個擁有健全雙腿的我，才是我唯一欣賞認同的自己。」

「然後你把一部分的你保留在過去，以確保現在的你仍是從前的你，兩個你還是牢牢地聯繫著。」痛症師說出我跟過去相連的痛楚思維。

我一時無言以對，心裡一陣酸楚。我其實非常留戀過去的自己，懷念過去的生活。

「現在該是放手的時候了，放下過去的你，放過現在的你。」

「我明白了，我必須擺脫過去的自己、過去的生活。」我說。

「痛不只帶給你身體上的不適，更能有效剝奪你享受生活的權利，把你的焦點從原來喜歡的東西瞬間轉移到它身上。當痛楚出現時，它不是單獨前來，而是帶著過去的負面經驗結伴同來，影響力才會如此巨大，這可算是另類的團結力量。痛楚一方面

侵蝕你的意志與信念，一方面製造害怕、散播無奈，迫使你踏上孤獨絕望的死胡同。

所以一個痛念可以輕易形成一個疼痛漩渦，把人牢牢地綑綁在疼痛思維與記憶裡，讓你的天空只看見痛。它跟憂鬱有點像雙胞胎，以極相似的原理在身心生存與運作，只要你在意它的一舉一動，便會忽略其他美好的事物。其實痛與生活美好的感覺是可以並存的，它們不是此消彼長的關係，也不是互相替代的競爭對手。

不管怎樣努力還是躲不過痛的，與其浪費氣力，倒不如欣然接受，既不喜歡也不憎恨討厭它。相反地，正因為痛的存在更提醒你要珍惜生活的美好，把美好作為生活的焦點。痛不但不能剝奪你的快樂，反而讓你更能體會快樂，把美好的感覺相對放大了！」痛症師總結。

「這就是與痛同行。」我回應。

正念認知療法：心茶道

「治療的第二部分，是學習如何以正念認知思維重新感受世界。」

「這跟之前心理治療師的『正念意象法』有分別嗎？」我問。

「基本上理念是一樣的，只是這次我們不是以意象為媒介，而是以生活藝術作為治療的途徑，既可作為心理治療法，又能享受傳統文化的意境。這比正念意象法多了一份現實的感覺，特別適合長期痛症患者來練習，讓你感受如何與痛共行的同時，以正念認知感悟世界。」

痛症師引領我到小桌子旁，我們在輪椅上對坐著。我仔細一看桌子上的泡茶用具，才發現這原來是我最喜愛的茶器，尤其是那個硯石茶盤與硃砂茶壺，都是我進行茶道儀式時常用的茶器。

「正念認知的概念你已經懂了，我們嘗試把這技巧放在茶道上。接著要做的事十分簡單，就是泡茶，泡一壺上好的茶，然後用心品嘗。」痛症師說。

「意思是以茶道儀式進行正念認知治療嗎?」

「不是一般的茶道,是心茶道。以心行茶,以心品茶,一切在乎心念。你不必太在意那些儀軌,放輕鬆專注用心泡茶就是了。」

我先閉起眼睛,深呼吸放鬆心情,放鬆自己的感官,把身心安住於此時此地。痛症師為我準備了上好的普洱生茶,葉形為完整的一芽二葉,屬人手採摘,置於掌心輕聞,發現傳來陣陣的花蜜香。所選取的茶器為硃砂石瓢茶壺,硃色潤澤豐厚,泥質細緻,手工超凡,是能充分引出茶性的茶器。所取用的水為山泉水,是含豐富礦物質的活性水,水色清澈晶瑩,味道甘洌清純。

所謂器為茶之父、水為茶之母,茶不但有靈性,而且充滿了個性,一壺好茶,除了茶葉外,還需要配合茶人、茶水、茶器,只要些微元素的改變,便足以影響茶的滋味。茶道就是一種集天時、地利、人和的生活藝術,必須專注用心才能泡出茶的風韻與真味。

我開始泡茶,隨著心認真地進行每一個行茶儀式。首先為自己擺設這一期一會的茶席,在硯石茶盤上放上茶壺、茶海與茶隔,茶隔居上,茶海置左下,茶壺放右下,剛

好排成品茶的品字。然後開始燒水、潔具、溫器，流燙的沸水沖澆茶壺，沿壺壁內外環迴一圈。接著入茶醒茶，讓茶葉溫潤舒展，貴妃淋浴。最後是沖泡，細水長流，讓茶葉在水中滾動，沉壺提手，鳳凰點頭，沖泡的動作流暢自然。

「現在嘗試用心品嘗這一口茶，以不批判的態度，完整覺醒地活在當下，品茗聞香，再一次把身心團聚合一，透過心茶合一學習正念認知。」痛症師說。

我重新調整我的身心，當我鬆開眼睛，我的視覺霎時變得清晰明亮，以新的視野直觀萬物的本質，我照亮了金黃晶瑩的茶湯。

當我放鬆耳朵，我的聽覺變得非常敏銳，以新的頻率接受內心與大自然的聲音，我聽見了翻滾沸騰的茶水。

當我放鬆雙手，幼嫩的皮膚傳來纖細的觸感，我觸摸到水溫的灼熱，感受到茶葉與茶湯的水乳交融，茶與茶人的和諧，天人合一。

當我放鬆我的鼻，以純真無染的嗅覺追蹤天地純然的氣味，我聞到了甜蜜細緻的茶香。

最後放鬆我的舌，味蕾頓時張開活躍，我品嘗到了醇美回甘的茶滋味，喉韻悠長

歷久不散。

終於我的心也放開了，我懷著感恩的心，珍惜瞬間，活在當下。從觀色、聞香，到品味，每一泡茶的滋味都是獨一無二的，每一泡茶都是全新的體驗。若只眷戀著之前茶的味道，便不能騰出心力品嘗眼前好茶的滋味；若只顧幻想期望之後的味道，便不能集中心力欣賞此刻的真味。就像我的人生，每一天都是新的體驗，每一段都是新的旅程，每一刻都是彌足珍貴。

「我懂了，當我能完整覺醒地回到當下，以正念品嘗生活的每一件事，我才是自己生活的主人，事物恢復到原來的本質，就像茶恢復到原始的味道。如果茶變得真實，我就是活在真實裡，在心茶合一的那個時刻，我當下的生命就是真正的生命。」我說。

「如果失去當下的正念認知，你喝進嘴裡的就不是茶的滋味，聞到的不再是茶的清香，而是過去的緬懷、從前的追憶，和不能挽回的妄想而已。徹底地放下過去的你，回憶應該是你生活的點綴，而不是生活的負擔。」痛症師說。「那你腳上的痛楚呢？有感到痛嗎？」

「痛楚一直都在，我就是帶著痛楚感受到剛才這一切的。痛不再是我身心的焦

點，也無法再奪走我其他的感官與體驗，它真的安靜下來了，而且安靜到讓我也忘了它的存在。」

「除了茶的滋味外，你所感悟到的是什麼？」痛症師問。

「我感悟到所謂茶的本質，讓大自然孕養萬物，茶攝取了大地的養分，透過光合作用茁壯成長。在沖泡過程中，泉水釋出茶葉原有的天地精華，爐火提升了茶味與香氛。透過喝茶泡茶，我了悟到宇宙萬物本為一體，生命川流不息，地、水、火、風、空的基本生命元素不停循環與融合，萬物一體地交互流轉。」我回答。

「其實心茶道就是藉由茶寓修行於生活，透過茶道體悟大自然的靈性，觀照自己的內心，再一次與天地宇宙結合。不只是茶道，你喜歡的香道、書道、樂道與花道也能跟心靈元素結合，變成一種新的心靈療法，一種將生活藝術跟正念認知連結的獨特心理療法。」

「就像生活所有玩意與活動，其實都可以變成療法。」我說。

「好好練習你的心五道療法。」

「謝謝你！痛症治療師。」

自此以後的每一天早上，我都會花些時間做茶道或香道的正念認知治療，除了痛楚得到有效的控制外，我亦換上了新的五感五官看世界、重新體會生活，我的長期痛症雖然沒有立刻消失，還一直陪著我直到腳完全康復為止，但它已經從一位整天嘮叨的老人，變成一位安靜的室友，它不再整天打擾我的生活，我也再聽不到它發出的滋擾，看不見那團如影隨形的黑影。

更奇妙的是，我對止痛藥的需求大大減低了，我發現自己對止痛藥的心因性需求，遠比實質性需求還高。就像你討厭一個人，在他還未出現前，你已經開始產生預期的厭惡感，既抗拒又害怕他的出現，即使他人還沒到，自己心情先變糟。當他真的出現，即使什麼也沒做，光是存在就已經面目可憎，甚至影響食慾。帶著他到處走更覺得丟人現眼。後來明白到他醜陋背後的本質，就像生命生活裡的不完美，反而把完美更璀璨地映照出來。

在進行正念認知治療後的一個月，我再也沒有吃過一顆止痛藥了，我把聞香喝茶換成我的心靈特效止痛藥。

心五道正念認知療法

中國人對於生活美學有著深切而獨特的體悟，傳統讀書人推崇的五道「書、茶、樂、花、香」，不但是五千年人民精神文化的精粹，更代表了世人所企盼的和諧美滿。五道歸於「智」與「理」，對應的是人的五官五感，香道為鼻嗅，茶道為口甘，樂道為耳愉，花道為眼色，而書道則為手觸，一書胸襟。這五道是中國人文精神的品質濃縮，藉由生活美學幫助個人提升修養與智慧，達致身心靈的合一與和諧。

作為愛好傳統文化的華人心理學家，我將東方生活美學與西方心理學相結合，並透過自己奇蹟的康復經歷，把心理學的認知行為療法應用於五道之上，賦予五道新的意義，心的價值，開創出一套獨特的正念認知療法——心五道。心五道藉由文化藝術寓修心於生活，透過五感合一學習「正念」，學習以不批判的態度，完整覺醒地「活在當下」；學習以新的認知思維體驗世界，藉由品味生活的美學意境認識生命的意義與本質。

如果人失去正念，看在眼裡的不再是花色，聞到鼻子的不再是清香，飲到嘴裡的不再是茶味，聽到耳裡的不再是樂韻，寫下的也不再是智慧，一切變成了妄想和煩惱。只有把身心安住於此時此刻，保持覺照地品味生活，身心便能得以調和，萬物

也恢復到原始的本質。藉心五道的每天練習，人便可培養出跟外界自然和諧共處的健康生活方式——正念認知生活態度。

一品一悟心茶道

中國的茶道不單是文化藝術，更是身心品格的修養，所謂茶品即人品，人品即茶品。泡茶品茗成為文人雅士間不可或缺的生活智慧，茶人透過茶道體悟大自然的靈性，觀照內心，再一次與天地宇宙結合。總括而言，茶從藥療成為日常飲料與生活禮俗，到後來演進為文化藝術，歷史的長河見證了茶文化與茶人心靈的昇華過程。

心茶道薈萃東西方的人文智慧，將傳統茶藝帶入一個新的視野境界。透過心茶合一學習正念，使人從慣性中得到解放，統整生命的多重面向，重新接觸自己智慧與活力的泉源，發展生命本具的豐富潛能與深度。

在進行細緻的行茶儀式，從燒水、備茶、溫壺、醒茶、泡茶，到觀色、聞香、品味，懷著感恩的心，珍惜瞬間，活在當下。當放鬆眼睛，視覺霎時變得清晰明亮，照見了金黃晶瑩的茶湯。當放鬆耳朵，聽覺變得敏銳，聽見了茶水的翻滾沸騰。呼吸放鬆，帶來了靈敏的嗅覺，聞到了甜蜜細緻的茶香。舌根放鬆，味蕾頓時

活躍張開，嘗到了醇美回甘的滋味，喉韻歷久不散，就如品嘗神靈親手沖沏的絕妙好茶。

一聞一定心香道

香的應用已有上千年的歷史，不論在宗教祭祀儀式或重要的節日慶典，香均佔有無可取代的地位。中國古代帝王登基時，必須焚燒沉香稟告天地。《聖經》稱沉香為「耶和華之樹」，佛教經典裡將沉香列為供奉三寶，回教阿拉的信衆，亦視沉香為最佳的朝聖供品。

焚香時，香的氣味分子經呼吸道進入大腦，通往嗅球（腦部負責接收嗅覺的區域）、邊緣系統（腦部主管情緒反映的區域）與下視丘（腦部主管情緒、體溫調控等生理機能），使人身心產生寧靜悠遠、祥和舒暢的感覺。芳香帶來感官的愉悅感動，那只是途徑，就如指月的手、過河的橋，重點是藉香氣「探究心性，直趨於道」，通往遼闊的精神世界。

心香道結合了生活藝術與心靈兩類元素，透過心香合一學習正念。在進行細緻的香道步驟，理香、解香、起灰、點炭、移火、鋪灰、品香、題香等，習者定心養神，我執的雜念得以安靜下來，進入專注和放鬆同時存在的催眠狀態，令大腦出現

α與θ波。

這些腦波頻率能夠啓迪性靈，是通往潛意識領域的大門；生動的視覺化能力、偉大的靈感、意義深遠的創造力、超常的洞察力，以及心靈與宇宙融為一體的感覺。品香也是一種感恩大自然的體驗，透過冥想清洗我們的認知思維與五官五感，釋放內在的壓力與負能量，讓內心得以被察覺、被愛，及被療癒。

一行一捨心書道

毛筆書法是中國傳統的藝術瑰寶和重要的文化遺產，書法的美學價值一直都受到世人的青睞。但同時，書法的價值不僅僅停留在藝術這一層次上。書法的操作及作品是書寫者活動的過程和結果，從中可以體現出書寫者的種種心理特徵及狀態，因此也是心理學的研究對象。

書法治療（Calligraphy Therapy）歷經三十餘年的科學研究，依據心理學的理論對漢字、英文、日文及韓文的型態進行詳細的實驗分析，在以毛筆書寫特定心理符號文字過程中，由於種種知覺、注意、思維和認知活動上的全面、動態和積極的激活作用，能使書寫者產生高度專注力、認知思維敏捷，和調節心理情緒等正面的效

果。書法心理治療立基於大量的臨床檢驗成果，對於促進兒童、成人及長者的大腦認知與精神健康都有相當顯著的功效。

在行書的過程中，書者打開紙卷，磨墨於硯，提氣運筆，彷彿與手中的毛筆合而為一。在身心完全放鬆的狀態中恣意地揮舞，我手寫我心，進入深度的禪修境界催眠狀態。人從學習以雙腿走路，雙眼看世界，雙手完成一個又一個的夢想成就。青春將人生的紙卷填滿，不留一點兒空白，但紙上寫下的只是知識而不是智慧。智慧不存於文字間，而是寫於空白裡。人生如書，書中留白，當放下執著，捨得所有，人生將回到原來滿載的空白裡。

心花道

花朵藉由種子獲得永生，生命的循環永遠不會停止。植物的生命循環帶給我們生命更新的希望，以及再次起步的機會。修習者可任憑自己的情緒與思維，擺設反映自己內心的花席，透過觀賞一草一木，找回生活的節奏與生命的流向。心花道除了花席，也包括園藝，透過與植物培養親密關係，來改善人的身、心、靈。心花道藉著自然的美，以天然植物能量療癒心理情緒。

人總是沉醉於物慾帶來的滿足，迷失於浮華的花花世界，被事物的外表所迷惑。透過追逐身外之物來探求生命，滿足無盡的慾望，空虛的心靈終究找不到所謂的樂土。但原來當敞開心扉、放下執迷時，便能發現真正的美，那份大自然的靜謐與和諧，浮現蓬萊的影蹤，正是一花一世界，一葉一如來。

心樂道

音樂提供一個非語言的溝通媒介，引導人們更深入表達自我，幫助人們在行為及情緒方面作正面的改變，在歐美國家已被納入常規的醫療及社區體系中。心樂道以音樂心靈導航（Guided Imagery and Music, GIM）的形式開始，進而以心理動力學的音樂療法（Psychodynamic Music Therapy, PMT）鼓勵學員藉音樂表達內心的情緒，並給予音樂性的溝通、支持、接納，提高聽者心理的協調性與適應性，達到身心平衡的目標。

結語　治病先治心

我一向喜歡神話故事。在希臘神話中，潘朵拉因為好奇心的誘惑，偷偷打開了寶盒，因此把關在盒內的邪惡釋放出來，從此為人類帶來了各種罪惡與疾病，但最珍貴的東西——希望——還留在盒內。因此讓人們在絕望的黑暗中，還能存有一絲光明，在困頓中依舊有堅持的力量。

「希望」讓我們相信，只要不放棄，奇蹟就會出現。

從一開始，醫療團隊便一致對我宣稱治療無效，但我並沒有因此放棄。相反的，我比任何人都努力堅持，不斷四處尋求另類治療，嘗試過中醫、氣功、針灸、推拿、藥膳、穴位療法、民間偏方等。甚至還找過靈媒、神醫、巫醫……結果只是花了大筆金錢，徒勞無功，更覺得自己被欺騙愚弄。

一次次抱著期望，卻又不斷的失望，一切努力都沒有得到應有的回報，當時的

我，就像是一頭垂死待宰的羔羊。

當每個醫學報告對我宣判未來無望時，老實說，我已經不知道該如何堅持，該如何繼續相信奇蹟會發生。我與其他傷病者一樣，瞬間淪為悲劇角色，以負面的眼光看待眼前的人事物，所見的未來一片漆黑。我怨恨命運，懷疑自己，甚至嚴重質疑生命的意義與價值。我最初懷抱的信心、決心與鬥志，都被痛楚與絕望摧殘一空。

然而，尋求治療的過程也讓我明白，原來我最害怕的不是死亡，而是終身傷殘的嚴酷事實。雖然我保住了性命，卻必須以身體的自由來交換，這樣算什麼奇蹟!?我從人生的高峰一下子掉進了不見天日的幽谷，在三十歲之前努力打拚才獲得的一切，居然在瞬間便被命運全部奪走。我為此變得憤世嫉俗。最後，我得了嚴重的憂鬱症，被動地等待死亡來終結我的痛苦，等待死神給予我最後的救贖。我對上天說：「殺死我吧，否則你就是個凶手！」

就在我不再鬥爭，乖乖引頸以待生命終結時，我竟在一處毫不起眼、從前每天急步經過的小公園裡，看見重要的訊息，這是大自然給我的生命訊息。

當安坐在輪椅上，以小孩的高度看事物，以老人的速度過生活時，我從自然世界

學懂何謂生命的流向與節奏。面對生命無常，大自然生物都能坦然求生存，沒有執著好或壞的將來，就只有認真接受當下的一切。萬物跟自然世界是一體和諧共存的，正是一花一世界，一葉一蓬萊。

只是人卻永遠抱著二元對立的思維，一直想要改變世界，操控未來。而我，卻不曾接受自己不完美的軀體，拒絕容許存有汙點的人生。但媽媽無條件的接受與關愛，以及大自然不斷在我眼前展現的無常與和諧，讓我逐漸找回一顆平常心，並再一次領悟到人生的大覺醒。方法其實很簡單，只要懂得把自己從自我世界中心抽離，摘下偏見與批判的有色眼鏡，用心觀看這世界，你便能看破過去的命運，看穿意外與疾病的意義，以及看見離開困頓的方法。

我已經成功走出自己的心靈殘障，治癒好我內心的大小傷口。一路走來，我發現了治療的重大祕密，其實每個人才是自己唯一且最有效的醫生，而相信自己就是相信生命奇蹟。我不需要再待在輪椅的世界，可以自由離開這傷殘的身軀。我已經準備好，再一次創造奇蹟。

身體療癒篇

第一章　心理專家圓桌會診

消失的密室

今天是一個特別的日子。

我如往常般來到綜合心理服務中心，但我要找的不只是當中的任何一位，而是全部五位心理學專家。我轉動中心大門的手把推門進去，迎面吹來了一陣清新的消毒藥水氣味，就如我第一次到來的時候那樣。

灰白的合成塑膠地板像剛被擦洗打過蠟一樣，如鏡子般清晰地反照出四周的模樣。我沿著長長的白色走廊輕聲地走著，首先經過走廊左邊的心理課講堂。此刻講堂的門是開著的，寬大的辦公桌後是一排排書櫃，教授並不在裡面。

走廊右邊的第一間房是屬於催眠師的，房間布置得像魔術館一樣，牆上掛著一個古

老的圓形掛鐘，時鐘上的時針、分針與秒針正以逆時針方向運轉著。我輕輕敲了同樣開著的門，除了回聲外，並沒有任何人回應。

我繼續向前走，來到走廊左邊的第二間房間，我曾經在這讀心室學會了分析病與夢的隱藏意義。桌子上放在分析師的白色象牙菸斗，菸絲還沒有完全熄滅，能隱約看到微紅的火光，但心理分析師卻不見了。

接著是心理治療師的房間，房間播放著《四季》的秋季篇，樂曲中能感受到農民豐收的喜悅，鐮刀與汗水的溫柔組合。以往治療師總是坐在L型沙發上，一邊欣賞茶几上的青花瓷瓶，一邊喝著蒸餾咖啡，但現在房間卻同樣空無一人。

走廊左邊的第三間房間是痛症室，如其他房間一樣，大門都是開著的。痛症師的輪椅不見了，意味著痛症師也不在那裡。

「五位心理學專家竟同一時間消失了，究竟他們都跑那裡去？」我心裡想。

然後我記起每次到來時，房間的門梁上都亮著綠色的小燈泡，代表可以進入，但現在一盞綠燈也沒亮起來。所以我必須尋找亮著綠燈的房間，才有機會找到五位心理學專家。我沿著走廊一直走著，小心留意任何帶有綠色的光芒，就在快要到達盡頭的

時候，我看見了一個隱密的房間，門外寫著「心理會議室」。

心理會議室在走廊的盡頭處，門外掛著「會診進行中」的牌子。我照樣輕輕敲門，看到門梁上的綠燈亮起後便推門進去。會議室的布置十分簡單，沒有一件多餘的家具或擺設，只有在房間的中央放了一張圓形的辦公桌。所有人已經到達，繞坐在圓桌邊準備進行會診。

坐在正中央的是教授，他是一位七、八十歲的祥和老人，雖然兩鬢已變斑白，但他的雙眼炯炯有神，戴著一副金框眼鏡。他的右手邊是催眠師，催眠師依舊戴著他的紳士帽，穿著表演用的黑色禮服及蝴蝶領帶。他臉上的山羊鬍子比之前長了一些，但笑容仍是帶著謎樣。催眠師的旁邊是心理分析師，他戴著一頂偵探帽子，穿著卡其色的大衣，外型頓時想起電影裡的名偵探福爾摩斯。他口中的白色菸斗不見了，應該是不小心留在讀心室裡。

教授的左手邊是心理治療師，那位梳著清爽短髮，打扮時尚，穿戴合身，看起來是位有品味、有個性的青年治療師。相比起來，他身旁的痛症師卻顯得異常潦倒，痛症師不但身形瘦削，頭髮凌亂蓬鬆，鬍子更有一段時間沒有好好刮過。加上，他總是

坐在輪椅上，看起來活像個典型的長期病患者。

五位專家會診

「教授、催眠師、心理分析師、心理治療師、痛症師，你們好。」我坐在剩下的空位上。

「這段時間裡很感謝你們的幫忙。教授讓我尋回專業的心理學知識，催眠師教我重拾意外的相關記憶，心理分析師助我了解意外與傷病的隱藏意義，治療師幫助我走出絕望憂鬱的死胡同，痛症師教我如何擺脫心靈殘障，學習與痛同行。

我已經找回一顆清明的平常心，看懂了自己三十年的人生經歷，我不再需要這傷病的身軀。現在是離開輪椅的時候了，我將繼續踏上追尋自由與智慧的人生旅程，回答自己尚未找到解答的最後問題。所以我邀請你們一同來會診，希望能幫我找出治療的方法。」我說出會診的目的。

「很抱歉，我們只能負責各自的專業，無法提供最終的治療方法，你需要找到這方面的治療專家。」教授坦白說。

「那我應該去哪裡找負責的治療專家？」我問。

「傳聞中，心理服務中心裡有一個隱藏的治療室，能為不治之症提供奇蹟的治療方法。這個治療室位於中心底層的某一個神祕地方，你要先找到對的路徑。」教授說。

「就是說位於潛意識深層的治療室？」我驚訝地問。

「一處比這裡更深入的地方。如果你的身心已經準備好，我們可以一起嘗試破解前去的方法。」教授說。

「你還記得那天在公園看到的大自然徵兆嗎？」心理分析師問。

「那天下午，我如往常坐在公園時，看到一片綠油油的草地，之前不知道為何燒焦了一小塊，那一小塊焦土，卻突然長出了一株翠綠的嫩芽來，形狀就像一隻小鳥。抬頭看到樹上有一個蟲蛹，大約三公分，倒掛在一片葉子下面。它逐漸裂開，一隻顏色繽紛的蝴蝶從裡面飛了出來。在我離開公園時，我的輪椅差點輾過一隻昆蟲，我連忙把輪子煞住，俯身一看，原來不是昆蟲，而是一隻蟬蛻下的殼。」我回憶所看見的奇異

徵兆。

「你已經成為夢的分析師，試著把這徵兆當作是清醒的夢，找出其象徵意義。」心理分析師說。

這些雖然是自然界常見的景象，但當中卻有著什麼樣的聯繫，好像要對我表達什麼似的。我閉上眼睛，深深吸了一口氣，嘗試理解箇中之意。只要用心去看，不要被它們的外表迷惑，一切都以象徵意義存在著。我嘗試將它們拼湊起來，找出相通的特質，拆解後再重新組合，那代表的會是什麼？

「我看到了火，一隻展開雙翅的鳥破焰而出，是火鳳凰的重生。」我分析說。

「如果把這意象比喻成治療方法，那將會是什麼？」心理分析師續問。

「一種自我重生的療癒。」我回答。「我明白了，我不需要再往外尋找什麼奇蹟治療，因為我自己才是唯一的治療希望，我只需要相信生命的重生本能。」

「哪裡可以找到生命的再生能力？」教授接著問。

「潛意識。」我回想起教授的課堂。「如果說生命有著無限的可能，相信生命等於相信奇蹟，那奇蹟便是埋藏在我的潛意識裡。我一直深信生命的奧祕、智慧、力量，

都被埋在那裡，等待人類好好開發。在這一次傷病旅程中，我要尋找的正是自我療癒的能力。」

「自癒能力並不是什麼神祕異能，它其實是我們與生俱來的一種生存本能。這可貴的自癒能力公平地賦予每個人，牢牢被記錄在每個細胞的遺傳密碼上。」教授解釋。

「自癒能力會受內在思想與情緒影響，在充滿正面思想、輕鬆愉快的心情下，自我療癒的速度最快，復元的效果也最佳。這些內在的思想與情緒，都是潛藏在潛意識層中，完全不受我們的意識思想所控制。因此，自癒能力跟潛意識的關係密不可分。若要重新啟動這生存本能，必須進入潛意識層。」心理治療師說。

「生命的奇蹟都在我的潛意識裡，只要找到潛意識裡的治療室，重新啟動自我療癒的能力，我便可以像火鳳凰一樣重生。」我恍然大悟。

「至於進入潛意識的方法，你早就學會了。治療室裡有你專屬且唯一的醫生，他可以提供你所需的奇蹟治療。」催眠師說。

「之前運用的催眠技巧只能到達這裡，怎樣才可以深入更底層的治療室？」我疑慮地說。

「要到達那裡，必須找到相關的催眠暗示，配以相同理念的導入方法，情況就如同進行記憶回溯時，使用宇宙時鐘與時間隧道的暗示一樣。」催眠師說。

「所以要找出跟自癒能力相關的催眠導入暗示。」我在腦海中不停地搜索著。

「人體與大自然是以相同的理念在運作，既然你懂得大自然的運作規律，便可看穿當中的關聯本質。」心理分析師說。

「大自然裡的生命看似獨立存在，但其實是互相依賴，循環不息的整合體。大自然生態就像一幅川流不息的生命元素圖譜，當中沒有一個部分是多餘的。」我回答。

「這跟人體不是十分相似嗎？你在接受中醫的治療期間，不是也從醫師那學到很多有關中醫的心理學理論嗎？」痛症師問。

「中醫除了以草本治療為基本的醫學系統外，更是一套倡導身心合一的哲學思維。中醫講求的是人體陰陽五行調和，注重體內氣脈通暢，有所謂氣聚則興，氣散則亡。所以，人體講求的是生命元素的平衡調和。」我回答。

「就像大自然一樣，基本生命元素的流轉組合，形成了整個自然生態，造就循環不息的生命。」痛症師說。

我進入了深度的思考，然後慢慢看到了兩者相連的本質……

在輪椅的世界裡，我看到了大自然的節奏與規律，從而把大自然生態分解為五大生命元素的起承轉合：地（土地、山石等）；水（海湖、川河等）；火（太陽）；風（空氣）；空（時間與空間）——流水受熱蒸發，在天空冷凝成雲成雨，風雨落入泥土為植物所吸收，透過光合作用，跟二氧化碳組合成有機物質，進入自然生態的食物鏈裡，然後死亡被分解，各元素再一次回流到大自然的體系裡。

「我可以利用與生命力量相關的催眠導入法，如同大自然的生態運作一樣。」我說出腦海中的意念。

「這正是生命的原始本質，也是自癒修復的力量所在。」治療師說。

「只要能到達那裡，你便可以找到你的奇蹟療法。」教授說。

「記著，你只需要相信，相信生命的力量，就是這麼簡單。」眾專家說。

「再一次謝謝你們！」

突然間，我才發現，原來眼前的教授、催眠師、心理分析師、心理治療師和痛症師，竟然跟我長得一模一樣。我就是他們，他們就是我。

這五個專家，是潛藏在我內心的不同角色，在我人生遭逢如此劇變的關鍵時刻，潛意識啟動了自救的機制，以五種不同的心理專業角度，帶領我踏上自我療癒的道路。

潛意識自癒能力

我把這段傷病時間領悟到的一切重新整合，嘗試更清晰地解構人體的自癒能力。

如果你問生命到底有多大的可能？人類本身就是最好的答案。人就是由一顆只能用高倍數顯微鏡才能觀看到的受精卵開始，透過不斷地細胞分裂，分工重組，最後衍生而成的複雜生物體。這生物體由差不多兩兆個細胞組合而成，不但擁有高智能的思考，還有豐富的情感，能創造出高度的文明與科技。所以在每個細胞裡，都隱藏著這無盡的潛能。

在這個設計精密奧妙的人體機器裡，到底誰有能力掌管這一切？誰才是真正的主人？其實真正掌控人類身體機能、主導人類思想行為的是潛意識。從我出生那一刻開

始，它便肩負起這個重任，時刻指揮協調身體內所有細胞，合作無間地為這皮囊忠誠服務。

我的生理機能，像呼吸、心跳、循環系統、分泌系統、神經系統等，其實都不是由我清醒的意識所操控，我不能自主地調控血壓的高低，不能隨意改變荷爾蒙的分泌，更不能主動影響感官資訊的傳遞。但這不可控的一切，卻在潛意識的無形掌控下，管理得有條不紊，配合得天衣無縫。

除了卓越的管理能力外，潛意識亦肩負起保衛者與修復者的角色。這自癒功能的一大特點在乎它的自動性，它不需要我們用思想、意識去指揮或啟動，它是受潛意識所支配，並以自動導航的形式運作。如果身體不幸受傷破損或罹患疾病，自癒功能便立刻在有問題的部位自動啟動，保護破損的細胞或組織，以抵禦外來細菌或病毒的入侵襲擊。免疫系統裡的白血球與淋巴細胞，是身體裡最忠誠的士兵，每天盡忠職守地執行巡邏與保衛的任務，不但以大無畏的精神消滅敵人，即使犧牲戰死也在所不惜。

自癒功能的另一奧妙之處在於它「神奇復元」的功能，透過細胞的新陳代謝，把殘破的細胞分解再造，通過免疫系統讓受損的部位修復還原。

它不但可以協助修補受損的細胞與器官，更能重新組織或再生原本不可修復的部位，小如毛髮，大如器官與骨骼。其存在的唯一目的，就是讓身體如常運作，使得我能夠繼續生存。這就是生命所擁有的無形力量，是生命最大的奧祕，亦是我要尋找的強大自癒能力所在。

然而，儘管每個人的身體都擁有強大而完善的自癒系統，但這並不代表我可以百毒不侵、永遠健康。生命雖然有其強大的一面，仍舊逃不過自然界的規律：生老病死，只有生死相依，先死而後生，生命才得以循環不息。死亡，正好說明了生命的有限。雖然人不可能讓已經死去的重新活過來，但在死亡的限制下，生命還是有著無限的可能。

許多醫學奇蹟，比如罹患癌症末期的病人，在無藥可救、無計可施的情況下，最後竟能奇蹟般地康復，癌腫瘤突然消失，衰敗器官奇蹟復元。這些醫學案例正好印證了生命的無限可能，所以相信生命，就等於相信奇蹟。我說的並不是異想天開的奇蹟，而是生命的巨大能力。但問題是如何創造這些奇蹟？要尋找答案，就得進入潛意識的底層。

人的身心本來就是一體，意識與潛意識也是一樣，相互依賴、相互影響地共存著。透過自我催眠，我可以深入潛意識層，重新啟動強大的自癒能力，為我的右足踝關節進行修復治療。

一直以來，我都只依賴外在的治療，不管是中醫、西醫、偏方，甚至是神醫。此刻我既然選擇相信生命，為什麼我就不能相信自己的生命？相信我就是自己最好的醫生。這世上沒有誰比我更了解自己的身體與自己的傷病，這些骨骼筋腱都是我身體的一部分。

我不需要再把治療的責任交給別人，因為世上並沒有誰可以把我治癒，只有我才是自己的醫生，應該說，每個人都是自己唯一的治療師。我不知道這應該是一個好消息，還是一個壞消息，只要打破尋找外在治療師的迷思，就能看到治療的奇蹟方法，這就是相信自己的生命力量。

經過歸納，我綜合中醫和印度吠陀醫學，以相同的概念把人體拆解為相同的五大基本生命元素。這樣的歸納，是為了建立催眠的導入暗示，而不是從學術角度去研究這兩大東方傳統醫學。

地，就是身體的固態：如骨骼、肌肉與器官等；水，為液態，如人的血液、水分與分泌物等；火，就是能量態，例如體溫、熱度；風，為氣態，如呼吸、氣脈；空，則是體內的空間，如胸腔、腹腔等。這五大元素並非單獨存在，而是相互融合，如水中有風、風中有火等。

這種利用生命力量的催眠導入法，其暗示的技巧主要透過冥想，把整個身體解構為不同元素的起承轉合，元素和元素間環環相扣，生生不息。我把體內的五大元素：地、水、火、風、空等放鬆調和，把身體從固態，到液態，再氣化昇華，最後化成能量的光束，這樣我便可以到達深度的潛意識治療狀態。

第二章　尋找潛意識醫生

生命元素催眠導入法

*可參考「聲音療癒」光碟內鍾灼輝博士與趙安安博士的示範

我首先把房間調整成催眠時的舒適環境，將房間裡的主要燈光關掉，亮起昏黃柔和的小燈。香爐正燃點著小沉香片，散發出陣陣讓我放鬆的寧神香氣，然後再把背景音樂設定為大自然的流水聲，感覺彷如置身於草地的溪水旁。一切都準備就緒後，我把身體從輪椅移到躺椅上，將腳上所有的輔助保護器具拆除，舒服地斜躺下來，然後輕輕閉上眼睛，做三下深深的呼吸，一、二、三、開始進行自我催眠……

「首先把手放在小腹的位置，改以腹式呼吸，吸氣時小腹隆起放鬆，吐氣時小腹凹陷收縮，注意一呼一吸時腹部起伏的動作，慢慢習慣這種舒適的腹式呼吸。把你的

呼吸盡量放慢，讓呼吸盡量深沉。徹底地深深吸氣，一直將新鮮的空氣吸進小腹的丹田位置；然後再徹底地吐氣，把所有廢氣從身上吐出。再次深深吸氣，會讓你感到舒適飽滿。再次徹底吐氣，會讓你感覺放鬆自在。」

地元素放鬆

「放鬆你的骨骼。想像你身體如海綿一樣，浸泡在溫暖的泉水裡，海綿的壓力鬆開釋放，恢復自然的形狀，柔軟自在，完全不需任何力氣拉扯，自然地放鬆。慢慢地讓全身的骨骼如海綿般放鬆，從頭到腳逐一放鬆，放鬆頭骨、臉骨、頸骨，依序放鬆，再放鬆，讓放鬆的感覺一直往下延伸：肩胛骨、上臂骨、手肘、前臂骨、手腕、手掌、手指骨……慢慢放鬆。

再繼續往下：胸骨、脊椎骨、盆骨、大腿骨、小腿骨、膝蓋、腳踝、腳掌骨、腳趾骨放鬆，放鬆的感覺由頭到腳往下延伸，一節節地如海綿般放鬆。

放鬆你的肌肉。當骨骼完全放鬆後，全身的皮膚與肌肉開始放鬆。頭皮放鬆，

臉部肌肉放鬆，後頸放鬆，肌肉如海綿一樣慢慢鬆開，恢復柔軟。肩膀的肌肉、上臂肌、前臂肌放鬆，手掌與手指放鬆；胸部肌肉、腹部、背部、腰部、臀部肌肉放鬆；放鬆的感覺繼續往下，大腿、小腿、腳掌、腳趾、雙腳的肌肉放鬆。

放鬆你的器官內臟。放鬆的感覺延伸到身體內部，首先從腦開始放鬆，大腦的皮層、腦髓、整個腦袋都鬆開來，像棉花一樣輕盈柔軟。然後是眼球、耳朵、鼻腔、雙唇、牙齒、舌頭、下顎、喉嚨，所有頭部的器官都完全放鬆。

放鬆的感覺沿著頸椎到達胸腔與腹腔、心臟、肝臟，腎臟放鬆、肺部放鬆，食道、胃部、腸道亦依次序逐一放鬆。身體內所有的器官和五臟六腑都像海綿般鬆開，完全放鬆。」

水元素放鬆

「放鬆的感覺隨着血液流到身體每個角落，每個細胞，血液帶著正面溫暖的能量流經每個細胞深處，將我們的身體從頭到腳慢慢的溶化，變成清晰透明的水分。

頭部放鬆溶化，頸部亦開始溶化，這種清新的感覺一直往下延伸，肩膀、上臂、前臂，雙手慢慢溶化成水；胸部、背部、腹部、腰部化成水，放鬆溶化的感覺沿着雙腿流下，大腿、小腿、腳掌，整個人溶化成清澈的水，充滿流動的彈性，十分放鬆、十分舒服。」

風元素放鬆

「現在慢慢呼吸，放鬆地呼吸，深而長地呼吸，放鬆，放鬆。運用腹部，你的丹田做緩慢而深入的呼吸，吸氣時腹部脹起，吐氣時腹部下沉，自然地呼吸。

每一次呼吸為你帶來更放鬆的感覺，每一次呼吸為身體帶進充足的氧氣，氧氣透過氣脈輸送到身體的每個角落，為每個細胞注滿氧的生命力。氣機無比暢通，身體感到越來越輕盈，越來越放鬆。

氣由皮膚的每個毛孔進入身體，你的身體跟大自然合在一起，逐漸由水分揮發成氣體，全身的皮膚慢慢氧化變成空氣。頭部、頸部、身軀、雙手、雙腳，同一時間開

始變成空氣，輕柔無比。全身的肌肉、全身的骨骼開始變成空氣，最後身體的五臟六腑都一一氧化，全身由外至內都變成了一團空氣，輕鬆自在。」

火元素放鬆

「現在感覺一下你身體的體溫，一種溫暖的感覺隨著血液、隨著呼吸帶到身體的每一個部位，每個細胞都充滿了溫熱舒服安詳的感覺。

同一時間，感受一下身體以外的大自然四周，整個環境都充滿了太陽溫暖的能量，太陽的亮光不斷地照耀你化成空氣，身體每個細胞每道毛孔都感受到充分的溫暖能量。

此時充滿能量的身體也逐漸發出光明，從每個細胞深處發出亮光，每個細胞變成了晶瑩透明，釋放出無限的亮光，你的整個身體變成了一團亮光，充滿能量。」

空元素放鬆

「現在感受你身體裡存在的空間：腦部的空間、胸腔內的空間、肺部的空間，腹腔、胃部、腸道的空間，每一個器官、每一個關節、每一個細胞的空間，這些空間都已經被光的能量填滿，每一個充滿光能量的空間都在體內無限擴大、不斷延伸，整個身體像一團亮光不停向外膨脹。

身體的疆界逐漸模糊，慢慢地消失，你的身體已經跟外在四周完全融合，你的光充滿在整個空間，亮光充滿了整個宇宙自然，你已經看不見自己的身體。你跟宇宙自然變成一體、變成了純粹的光束，單純的光明。」

「透過生命元素放鬆法，你身體進入一個極度鬆弛狀態，徹底地從上至下、由外至內得到放鬆。你的身體分解為五大基本生命元素，讓你重新認識身體的每一部分，感受身體存在的每項基本元素。藉著當下的體會，使你重新跟自己的身體連結，重新掌控身體的每一個組成部分，再一次成為身體的主人。

只有以放鬆的心情，才能真確地感受自己的身心狀況，有效解除顯意識的慣性防衛，這樣潛意識底層的大門便得以打開。身體現在進入一個極度鬆弛的狀態，徹底地從上至下、由外至內得到了放鬆。記得這種放鬆的感覺，在整個過程保持這身心放鬆的狀態。

現在想像有一盞古老的油燈出現在你面前，集中精神看著這盞油燈，油燈散射出柔和的光線，照亮你的四周。把注意力集中在光亮的油燈上，光明會一直引領你進入深層的潛意識世界。

想像你面前有一道門，一道通往內在潛意識的大門，門並沒有上鎖，只要輕輕轉動門上的把手，便能輕易地推開這道大門。大門後面是一條長長的走廊，一條深而長的白色走廊，兩旁是潔白的牆，天花板是一排排的白色燈管，地面是灰白的合成塑膠地板，這是你慣常看見的醫院景象，也是每次到醫院接受治療時走過的長廊。這裡十分安全，你可以放心沿著走廊慢慢向前行，沿著牆壁上箭頭指示的方向，然後到走廊盡頭的房間，門上寫著『潛意識治療室』。

你輕輕敲門，門梁上有一盞綠色的燈亮著，代表你可以進入。你已經到達潛意識

的治療室。」

遇見潛意識醫生

我輕輕推開治療室的大門，進入了我慣常在醫院看到的治療室。治療室中央有一張寬大的辦公桌，桌上有一疊厚厚的病歷紀錄，病歷封面上印著病人的名字：鍾灼輝。辦公桌旁的牆壁上有兩個燈箱，放著我右腳踝的X光底片，這些底片我已經看過千百遍了。

椅子上坐了一位年輕的醫生，三十出頭，戴著一副黑膠框眼鏡，身穿一件純白的長袍，長得跟我一模一樣，他就是我所尋找的潛意識醫生。我要好好記得這個治療室、這個感覺，因為這裡就是我專屬的潛意識治療室，只要能回到這裡，我便可以找到最可信任的醫生，得到最好的自癒治療。

「醫生您好，我是來治療我的腳。」我直接道出來到這裡的目的。

「我知道，這就是這個治療室存在的唯一目的。」潛意識醫生抬頭看我。

「我首先逐一報告你受傷的情況：

你左膝蓋部分的韌帶，同時出現了不同程度的破損，其中內側與後十字韌帶已經徹底扯斷，外側韌帶亦出現嚴重的撕裂，若要進行外科修補手術，必須先清除受損組織的瘀血積水。

你的膝蓋正因為嚴重的瘀腫導致不能自由伸展，嚴重影響了步行的復健。雖然你曾經嘗試多種消腫退瘀的方法，包括針灸、推拿、中草藥熱敷，或是物理治療的壓力氣墊……可是都沒有任何顯著成效。幾個月過去了，膝蓋的部位還是腫得像個小皮球似的，不但一直隱隱作痛，關節的屈曲幅度更是只有六十度左右。

由於三條主要韌帶同時受到嚴重破損，整個膝關節已經失去穩定性，除非進行韌帶重建手術，否則只有靠外置的膝關節穩定器保護膝蓋，肢架看起來像一具機械腳。但相對來說，這部分的傷比較容易處理，也不至於對你的行動構成嚴重影響。

但我建議先集中治療你的右足踝，因為時間拖得越長就越容易耗損，會對復元增加困難性。你骨頭裡的血管是徹底毀了，所以整個右足踝的骨骼才會出現缺血性的壞

死現象，重建血管已經是不可能了。」潛意識醫生詳細報告說。

「但是，血氣不一定只能經過血管才能傳送，血管亦不是唯一的途徑。」潛意識醫生補充。

「那除了血管以外，還可以怎樣把營養及氧氣送進枯死的骨骼裡去？」我立刻追問。

「就如中醫學理論提及的經絡，也是傳送管道的一種，血氣指的也不只是血液這麼簡單，你之前不是也研讀過所謂的中醫心理學嗎？」潛意識醫生反問說。

這時，我憶起多年前，因為對太極與氣功的濃厚興趣，所以做了不少相關的心理研究。這些遺忘了的研究報告，原來一直完好地保存在潛意識倉庫裡，如今更被醫生像引經據典般地提出來。

「我曾經撰寫過有關氣功、太極與靜坐的中醫心理研究報告，當中提到的臨床驗證，正好為潛意識治療提供了理論根據。太極與氣功的氣，不是指呼吸的空氣或氧氣，而是有更深層意義的元氣、真氣，也可以看成一種與生俱來的液相壓力變化，亦是生物能量的一種，這種氣的能量源自乎丹田。」

「在中醫理論中，認為氣不但具有生命活動的功能，也是人體臟腑傳出的生命訊

息。人體生存必須有氣，所謂氣聚則形成，氣散則形亡。醫界稱氣為『生物能』，是人體器官產生的生理波。當器官發生病變時，細胞間電位差的改變，會影響細胞膜的通透性。利用先進科學技術與計算，測量出血液流動速度，會間接影響細胞間隙的帶電組織液流動，證實人體裡氣的流動、氣道的存在，建立了氣血交換模式。」潛意識醫生把我的研究報告背誦出來。

「所以從中醫學角度來看，我需要的是在右足踝關節裡，建立一個新的氣血交換系統嗎？」

「治療的概念是這樣沒錯。但在進行之前，你必須更了解你的傷勢，你的右足踝就如大地震過後，到處都是頹垣敗瓦，渠道淤塞。大地不但出現了大大小小的裂紋深坑，更因長期缺乏滋養而出現乾涸崩裂，情況比你想像的恐怖得多。」

「那我需要怎樣修復這嚴重破損的骨骼？」

「把這片荒廢的枯地重新清理修補，再一次為這乾旱的泥土灌溉，讓它重現原來的生機。這是一種利用夢境做意念的另類治療方法。」醫生比喻說。

「以另外的管道把夢境轉化成療癒力量嗎？」我一再確認。

「在這裡，夢境才是真實。」醫生回答。

心念的力量

注：以下有關心念的解釋，曾在《我死過，所以知道怎麼活》一書中的內在自癒力章節有所提及，再次引用是為了增加書的完整性。

「你知道什麼是心念的力量嗎？」醫生問。

「念力不就是一般人所指的特異功能嗎？透過意志力或特殊意識去影響事物的運動規律，如控制事件、隔空移物或折彎鐵匙等，或是改變物件的物理狀態，以產生高熱、低溫、電磁波等。」我回想起大學時讀過有關念力的文章。

「你說得沒錯。但除改變物件的物理狀態外，念力還可以改變人體的生理系統或生物能量，從而替人做身體治療或修補破損，就如傳說中的巫醫術士一樣。」醫生得意地說。

「如果說念力是藉控制心靈意念的力量而引發出來的超常異能，那心念是從何而

來？心念又是什麼東西？這一切需由心念說起，因為心念正是這動力的來源根本。

心念是指現在潛意識裡的所有念頭想法，有些是你自覺的，更多是你根本不曾察覺到的。這些心念可能只是一個普通的想法，一種喜或悲的情緒感受，一份過去的回憶、未來的憧憬，又或是一個天馬行空的幻想意念。

它們的出現就像香檳裡的氣泡一樣，一個接一個地從水中冒起，緩緩升到水面後破滅消失。然後，後面的氣泡又再湧現，再衝上、再破滅，無止無盡似的。當靜心觀察時，你會發現有些氣泡長得比別的大，有些走得比別的慢，有些像單獨而來，有些像結伴而去。有些比較難纏的氣泡一直賴著不走，好像想要得到你的注意，有些卻在你未及為意之時，已經消失無蹤。」

「所以人的心念也如這些氣泡一樣，不知從何而來，又從何而去。」我回應。

「多數的念頭想法都是瞬間出現，又轉眼即逝，無聲無息飄至之時，未及意會便消失遠去。這些心念看似雜亂零散，其實都同源共生，都是從潛意識裡孕育出來的。它們當中有著千絲萬縷的關係，一點一滴形成了整個潛意識的根本內容。

雖然說心念是由你內心製造出來，是潛意識的組成部分，卻並不代表你。如果把

潛意識視為一片廣闊的天空，心念就是飄浮在天空中無數的雲朵。天空裡有白雲、有烏雲、有雨雲，時而聚，時而散，形態變化萬千。但真正的內心世界其實是底下那片蔚藍的天空，而不是任何一片雲彩。」醫生在空氣中畫出一片雲來。

「同樣地，海洋裡有各式各樣的魚，任何一條魚都是海洋的組成部分，沒有一條魚可以代表整片海洋。」我也比喻說。

「理論上，心念只是短暫浮現的過客，不應留下任何痕跡或影響，如一葉輕舟去，過水不留痕；如一抹雲霞飄，破空返自淨。但當人在意於任何一個念頭時，便會把那念頭吸引、捉緊，注意力彷彿成為那念頭的生長養分，讓它不斷繁衍並茁壯成長。

因為在人的認知思維裡，人事物不是單獨存在的，而是以一個關聯網絡形式呈現，如紙張這個意念，便可以跟筆、書本、學校或考試等結伴同來，如繼續擴散，便可延伸到記憶中考試失敗的經驗、家人的責備、自我的嚴苛批判等。一念能引發一連串連鎖反應，最後形成一個包含情緒、情境回憶的強大思維網絡。

所以，一念可以輕易形成一個風暴漩渦，正因為心念擁有這種不斷自我複製、反覆回饋增強的特質，使心念的力量得以無限擴大，形成潛意識裡的另一股潛藏異能。

這可說是人類內心的祕藏力量，跟身體的物理力量同等重要，只是一直沒有被我們好好開發利用而已。」醫生解釋。

「但如何才能有效運用心念的力量？」我不惑。

「雖然念力跟體力同是能量運用的表現，但兩者的性質有很大的差異。體力是屬於陽剛性力量，受意識情緒及肌肉骨骼所控制支配，而念力則屬陰柔性力量，以潛意識驅動，在身體放鬆的狀態時最能發揮。只有理解念力的本質與運作原理，才能破解念力的祕密，開啓潛意識的念力大門。」

「你還記得經歷瀕死時靈魂出體的感覺嗎？」醫生問。

「當時只要我的心念一動，便能感應或傳遞想要的訊息，我不但可隨意飄移自己的靈體，更可以移動或穿越任何物件，所有的事物像脫離了物理的常規運作一樣。我那時候的感覺是輕鬆自在的，好像越輕鬆便越能使出意念的力量，越專注集中，念力的效應便越強。原來當脫離身體束縛時，人反而更容易體會到內心的力量，當理智與意識的控制消失時，潛意識的力量才能真正顯現。」

「我現在知道如何運用心念力的力量了。」我像破解了謎題般。

第三章　念力金字塔

吸引力法則的祕密

注：有關念力金字塔的模型，曾在《我死過，所以知道怎麼活》一書中的內在自癒力章節有所提及，再次引用是為了增加本書的完整性。

在潛意識醫生的提示下，我嘗試把瀕死經驗跟認知心理學的知識相互結合，赫然發現念力底下的能量來源與運作模式。

心念是源自人的潛意識，其能量的產生過程就好像古代的神祕金字塔一樣，融合了時間、環境與人的連結奧妙。念力金字塔的結構原理其實非常簡單，不消一刻便可於潛意識建構築成。

如以現代建築物的架構做比喻，念力金字塔同樣需要基本的材料做內部的中流砥柱，使整個金字塔可以堅固聳立起來。金字塔的塔尖為心念，底下的四個重要基石分別為時間、環境、人的身體及心情，四個基點跟塔尖互相緊密連結，形成一個完美的

幾何三角椎體。

時地人的精密結構是念力金字塔的奧妙之一，但最大的祕密在於其內部的能量運作原理。就像我在瀕死經驗中看到的時間之流一樣，塔尖跟四個底下基點其實是以能量絲線相連。能量絲線由心念出發，跟時間記憶、所處環境、人的心境及身體交互編織，使點與點之間貫穿連接，最後造就出數不盡的關聯網絡。

這些絲線不但如混凝土般把整個結構黏附拉緊，更是念力的能量來源。每根能量絲線皆有因果關係的意味，以吸引力法則運行，並在金字塔裡頭不斷自行地反覆回饋，所以我把絲線稱為「吸引力法線」。

但吸引力法線並不是什麼稀奇古怪的東西，這法則一直存於自然世界之中，就是所謂的同性相近、物以類聚。吸引力法線不但引導整個宇宙規律性的運作，也是人類潛意識的基本運作模式，將性質相似的東西互相吸引靠攏，把頻率相近的事物反饋增強，可說是千萬年演化的生命結晶。

所以念力金字塔的運作模式有如核能發電機，可透過核心的自動質量聚變，為心念提供源源不絕的能量，形成一個又一個風暴漩渦。但不管這些能量風暴的規模大小

或力度強弱，都只是由一個簡單的心念所引發，一塊小石頭最後就激起千層的滔天巨浪。

時間的記憶

我們每分每秒都在接收外界傳來的訊息，有用的資訊將被認知及保留下來。從出生到現在所經歷的大大小小人生體驗，均完整地保存在潛意識的記憶系統裡。而吸引力法則就是記憶系統裡的核心管理技巧，成功把海量的資訊有系統地分門別類，編制出一套包羅萬象的標籤索引方法。

這情形如同一個藏書無限的圖書館，管理員透過圖書分類法，以時間、地方、人物關係、工作性質、情緒心境等作為搜索引擎，把需要尋找的書藉極速地篩選出來。千萬條無形的吸引力法線彷彿把所有記憶串連起來，心念與記憶的相似度越大，中間的吸引力越大，記憶越容易被提取應用。

當想到「辦公室」這個念頭，吸引力法線便自然地把辦公室相關的人事物串連起來；如多加一個「昨天」的心念，那昨天在辦公室發生過的所有事情便瞬間被篩選出

來。如果念頭出現時的心情剛好是「焦慮」的，那一堆沒有足夠時間完成的工作、與上司爭辯的情境、工作表現不獲認同等焦慮記憶便應運而生。

這有如自動導航的吸引力搜尋法則，不但大大提升了訊息的處理能力與效率，更為思考提供了快捷的搜索路徑，是記憶與分析能力的重要基礎。特別當人面對危急或困難時，我們能快速找到解決辦法，有效地增加存活機會。例如當感到生命受到威脅時，內心便會自動抽出同等生命威脅程度的關聯記憶，試著從過去的人生經驗中尋得脫困的辦法，大大縮短了思考與分析時間，如同一種不自覺的本能反應。

所以記憶代表一個人所活著的時間，而一個簡單的心念能自然吸引一系列性質相關的時間記憶。當人在意某些記憶時，接下來又會吸引更多類似的想法念頭，這就好比啟動了一座自給自足的核子反應堆一樣，使時間記憶成為念力的一顆重要基石。

人的身體

人類的身體與內心不是獨立存在，而是緊密互動的。身體時刻分享著內心傳來的

訊息，再透過身體語言、生理反應、行為表情等，反映反射內心的狀態與感受。例如德國心理學家米查拉（J. Michalak）發現，憂鬱症患者與常人的走路姿勢有著明顯的差異。憂鬱症患者走路時的速度較慢，雙手的擺動幅度較少，而且上半身傾向左右搖擺，並慣性前傾使頭部低垂，變成一副垂頭喪氣的樣子。

但身體不單純是內在心境與情緒的再造者，除了表達內心的感受，身體更能有效影響心情及出現的念頭想法。因身心是統合平衡的，內心透過解讀身體傳來的語言訊息，分析出身體所處的狀況，按需要調整情緒心境，以協助身體應對環境的需求，這既是身心回饋反應過程的原因，也是結果。

當人處於一個威脅的環境底下，身體的主要肌肉自然繃緊，心跳加速，血壓上升，隨時準備反擊或逃跑。當內心解讀到這些身體反應時，緊張、憂慮、害怕的情緒即時湧現，警覺性大大地提高，並快速運轉出解決危機的方法與記憶。

心理學家史特勞克（F. Strack）、馬丁（L. Martin）與史特普（S. Stepper）曾進行了一個身心互動實驗，把測試者隨機分成兩組，第一組被要求用嘴唇銜著鉛筆，模擬出不悅的表情；另一組則被要求用牙齒咬著鉛筆，模擬出笑容的表情。然後兩組人觀看

同一套漫畫，接著對漫畫的有趣好看度評分。結果發現微笑組比不悅組對漫畫的有趣評分明顯要高，好像說明即使是不自覺的歡笑，也能有效影響一個人的心境情緒及對事物的看法。

所以吸引力法線不但把身心緊密地連接起來，更能反覆回饋，製造出相關的念頭想法，召喚出性質相同的記憶。

人的心境

吸引力法則不單只在記憶與身體裡運作，同一時間也影響著人的內在心境。其實人的心境就有如外在的天氣，有晴天陰天，有春夏秋冬，有風霜雨雪，不同時候有著不同的風景情緒，製造出不同的心情感受。當心境晴朗時，內心充斥著愉快放鬆的情緒，想到的都是快樂歡愉的念頭，繼而吸引出更多正面的回憶片段，造就了說不出的好心情。

但反過來，這吸引力思維也能使我們成為憂鬱、壓力、焦慮等負面情緒的受害

者。因為一個隨意出現的悲傷情緒，同樣能有效吸引相似的憂鬱記憶或負面意念，再以複式的速度彼此相互增強，最後形成鋪天蓋地的壞心情。如「疲倦」這個念頭，能輕易觸發身心乏力的情緒感受，不但讓人沒精打采，更連連想起疲憊不堪的事件，引發更多令人疲倦的想法與回憶，像緊密的行程、做不完的工作、重重的生活負擔等。

所以一個念頭不但能影響回憶，同時能塑造出內在的心境情緒，而身體與回憶兩顆念力基石又再互相反饋強化，激起更大的波浪迴響，最後匯聚成一團負面的心念網絡，使人完全陷進疲倦的流沙中，將人逐步沒頂溺斃。

所處環境

吸引力思維不只局限於人的內心，同樣適用於所處的外在環境，即所謂的「觸景傷情」。當回到兒時常出沒的地方時，童年的記憶開關像被霎時打開，腦中的放映機自動播放起那些早已遺忘的成長片段、兒時玩伴等。當身處醫院時，自然感到一股愁雲慘霧籠罩著，想到的都是一些生老病死的沉重議題。當置身於大自然的懷抱中，感到

的卻是放鬆自由的情緒，讓人瞬間忘掉不快的記憶，心境頓時開朗起來。同樣地，辦公室可以是壓力、焦慮的泉源，家庭可能是溫暖及責任的複合場所。

其實環境是一個十分重要的思考索引，當身處一地時，曾發生於此地的記憶點滴便自然被挖掘出來，好像讓人故地重遊、時光倒流一樣。不管事隔多遠，情境仍可歷歷在目，情感依舊觸動人心。但環境基石不只包含地方，亦包括環境中的各種組成元素，如聲音、氣味與味道等。你可曾被一首老歌勾起了絲絲情懷？被一份氣味喚醒了對某人或某事的回憶？被一種味道送返到從前的時光？

所以，身處的環境能有效影響內心所出現的想法、心境與回憶，而各念力基石再交互增強。所以如果剛失戀，最好避免去從前跟愛侶常出沒的地方，以減低憂傷情緒與回憶來襲。如果親人剛不幸逝世，不防考慮轉個布置、換個地方，能有效幫助改變心境、換個心情。

建構自癒金字塔

在潛意識裡，如懂得有效運用這念力金字塔，便可透過吸引力法則，把心念的力量無限地反饋增強，創造出不同範疇的超常異能。

「你現在明白如何運用念力創造不一樣的超能力了嗎？」醫生托了一下他的黑膠框眼鏡。

「以金字塔的形式。」我點頭表示明白。

「其實念力本身並沒有好壞之分，只是潛意識的一種內藏力量。但要緊記，念力可以變成你生命中最大的助力，同樣地，也可以是你最致命的傷害。」醫生警告說。

「在我傷病的那段期間，我就是被這負念金字塔徹底地擊潰，以致最後患上了重度的憂鬱症。我已親身見識過負念的無窮破壞力量了。」

「既然這樣，你現在可以反過來利用這念力金字塔，把意志力轉化為生命中最大的療癒異能。」

「你的意思是建構一個療癒念力金字塔？」我被一言驚醒了。

「在潛意識裡建立一個念力金字塔，利用吸引力思維網絡，製造出強大無比的療癒念力。」醫生清楚地說。

「那我們從療癒念力金字塔的第一塊基石開始吧。」

第一塊基石：活在當下的記憶

療癒金字塔的第一塊基石是當下的記憶。

人生就好像一條以生命造成的時間線，時間線的起點是出生，終點是死亡。人就是沿著這條時間線一直向前遊走，過程中不能停下，亦不能倒退。生命當下的落腳點就是所謂的現在，在這以前的時間稱為過去，往後的時間叫做未來。所以，生命的基本度量單位在於時間，而非物質或金錢。

潛意識就好比一部容量無限的錄影機，完整地保存了我們自出娘胎起的記憶，所有發生過的人事物，所有經歷過的體驗片刻。那些我們以為已經遺忘的過去，其實都鉅細靡遺地記錄在潛意識層裡，這亦是許多心念的主要來源。為了方便管理與搜索，

潛意識習慣把記憶以時間劃分，分成過去、現在與未來。

現在發生的一切轉眼即逝，將成為過去，變成回憶，然後永久地凝固在潛意識的記憶庫裡。如果把人生的經驗從過去到現在串連起來，再將這條經驗線穿越現在往前伸延，便可看到或預計未來的遭遇經歷，變成了預示的未來記憶。同樣地，如果把人的妄念幻想投放到還未出現的時空，這亦將變成不真實的未來回憶。

但不管過去或是未來，其實都只是一個時間幻象。人真正的生命就只有當下的瞬間，人可以選擇真實地活在現在，或虛幻地活在過去與未來。想要活出生命最大的量值與力量，方法就是回到當下的生命時間，盡量享受及把握生命中的每個時刻。如果當下的時間沒有充分利用，便只有白白地浪費流失，因為時間不像金錢，不能拿來積存轉讓。

其實，只要用心過好每一刻，美好的將來便自然出現。因為未來並不是預定或計畫出來的，而是用心一步一步走出來的。怎麼過你的今天，就等於怎麼過你的未來，今日的生活亦將是你十年後的生活寫照。若沒有能力把握現在，遑論有能力掌握未來。

過去與未來既是時間幻象，亦同是一條被規範限制的生命線，但現在是時間線上的

一個焦點，代表了所有生活能量匯聚的一個爆發點。在這裡，生命的力量是最強盛的，像擁有無限的可能性，能向四面八方散射開來。如果病者能把生命拉回現在的這一刻，生命中可用作轉化的療癒能量就是最大的，這就是為療癒所需要的時間設定——「當下的記憶」。

但病患者最常出現的問題，就是不真實地活在過去或未來，不斷地自我麻醉、自我逃避。之前，我就是放不下過去美好的人生、完整的身體，終日躲進昔日的記憶裡，因為我不敢亦不願面對當下無望的生命。這其實都只是抱著一份錯誤的認知，不但在自欺欺人，更平白浪費了治療的良機與生命的能量。

所以，放下過去痛苦的記憶，或是對未來的擔憂，全心全意地活在當下，才可發揮出生命最大的療癒力量。這是第一塊療癒念力基石。

第二塊基石：合一調頻的身體

療癒金字塔的第二塊基石是合一調頻的身體。

這個世界上恐怕沒有別人比我更了解、更關注自己的身體，所以我必須對自己的身體負全責，不可再胡亂把治療的責任與權力交給別人，即使是醫生。在現今的醫療系統裡，即使遇上用心又能幹的醫生，試問醫生又能花多少時間與心力在每位病人身上？所得到的關注與療癒資源又有多少？

我每月一次到公立醫院進行複診治療，每次看診的醫生都不同，而每次診治的時間也不過十多分鐘。有時候，醫生根本沒有足夠時間翻看及了解厚重的病歷紀錄，就得在極珍貴短暫的看診時間「對症下藥」。又有很多時候，我的身體像被分割成許多不同的獨立部分，由不同的專科部門專責處理所屬的區域。這不但嚴重忽略了病人整體性的治療需求，更出現了互不協調的局面，讓我的身體無所適從、呼救無門。

所以病者必須明白真正的醫療資源是來自病者本身，而不是任何私營或公立醫療機構。有鑑及此，我取回了治療的主導權與責任，不再盲目依賴任何醫生或治療師，由自己來當身體唯一的主治醫生。在放大對身體的承擔及關注後，我對身體的感應與了解大大增強了，我跟身體像組成了一支目標一致，且專屬於我的醫療團隊。

要當自己的醫生，首要任務是要懂得為身體聽診，找出疾病的本源心因。因為身

心是互動共存的，身體的病徵病狀很多時候只是反映內心的訴求。所以，仔細聆聽身體的訴求，解讀傷病背後的隱藏意義，才是最根本的治療方針。傷病只不過是潛意識的一個訊息載體，一旦看懂疾病背後的訊息，疾病便會甘心離去，甚至不藥而癒。在輪椅上的世界裡，我解讀出自己的性格如何促成了這次墜機意外，腳患如何代表著我錯誤的價值觀與對心靈自由的夢想渴求。成功解讀這一切後，我像得到了離開輪椅世界與傷殘身體的許可與祝福。

為身體診斷症狀，接著要做的是把身體調節到適合療癒的生理狀態，關掉不必要的妨礙干擾。這情形就如同在身體裡進行環保節能運動一樣，盡量減少能量的不必要浪費，並把資源重新分配，集中投放在最急切需要的地方。生理機能都是由潛意識所控制的，如果要加強自癒系統的功效，最直接的方法是加深潛意識訊息的影響力，並減低理智與意識對身體的控制。同時間，讓身體進入如休眠般的狀態，只維持低限度的維生需求，可有效節省身體的能源消耗。所以人在睡覺時，身體的復元速度與效率是最快最好的，因為減少了日常活動的消耗，能量再次集中在修復與再造之上。

其實這種療癒性的身體狀態跟催眠時的出神狀態（trance）十分相似，身體處於一

種高度放鬆的休息狀態中，內在意識卻高度專注集中。所以我可以利用催眠技巧把身體帶進最佳療癒狀態，這就是我身體的「療癒頻率」。

所以，接受不完美、不完整的身體，重新跟自己的身體好好認識連結。當身心再次合一、調頻同步時，自癒系統便可發揮最強的輸出功率，在身體製造最大的療癒修復。這是第二塊療癒念力基石。

第三塊基石：平靜接受的心境

療癒金字塔的第三塊基石是平靜接受的心境。

自癒功能中的免疫修復與新陳代謝是受潛意識所控制的，如果要發揮最大的自癒功效，必須保持心境輕鬆平靜。醫學研究一致發現，自癒能力是受到內在思想與情緒所影響，當人在充滿正面思想、放鬆愉快的心情下，自我療癒的速度最快，復元的效果也最好。相反地，如果人是處於負面思想或緊張絕望的情緒之下，自我療癒能力將會大打折扣，復元速度也最緩慢。

意外之後，我的內心充斥著大量的負面情緒，只在表面上一直偽裝積極堅強。內在的負面情緒得不到疏導發洩，不但拖低療癒功能，更逐漸塑造出憂鬱焦慮的心境。負面心境令潛意識大量製造負面心念，不只浪費損耗內在能量，更嚴重阻礙發出與傳遞修復及癒合的訊號。但如果要求一個傷病患者換成開心快樂的心境，也有點不切實際，強裝或偽裝同樣只會徒費心力，不能達到任何療癒效果。

所以，第一項需要調整與建立的，是一個適合療癒的平靜心境。平靜並不代表不能有情緒起伏，相反的，是要讓情緒有效得到疏導發洩，讓內心安然地接納任何害怕或不安等負面情緒，不壓抑也不在意。只有這樣，因情緒泛起的漣漪撥動才能歸於平淡，讓內心再次回復平靜。

但到底如何才能尋回一顆平靜的心？我首先學會從自己的不幸中抽離，試著以豁達的心情再次觀看周遭的世界。我從大自然世界中得到重要的覺醒，大自然生物雖時刻面對無常的命運，但無論環境順逆，都能坦然求存，沒有害怕、沒有逃避，就只是勇敢地接受當下的一切。

如樹上的椏枝被突然颳起的強風吹斷了，大樹不會因此而害怕，把枝葉都收起來

或展開任何防風措施，只照樣盡情舒展迎向太陽。同樣地，大樹也不會在意已斷裂的枝幹，不會費盡心力駁回不可能恢復的身體，只會盡量發揮餘下的生命，在別的地方長出新的嫩芽。

很多時候，傷病者的死命抗爭與消極逃避，都只是極度恐慌下的情緒反應。學懂接受現實，接受自己傷病的身體，才是真正治療的開端。但接受並不代表認同或喜歡，只是勇敢面對已發生的一切，接受生死有時、命運無常的宇宙法則。當能夠坦然接受自己的現況時，力氣才不會消耗在徒然的逃避與抗拒，能量才能再次集中在求存與療癒之上。

所以，在放下執迷、釋懷面對生命無常後，就不再會時刻想著自己的不幸。當把目光從輪椅中移開，我看見了大自然的和諧場面，尋回內心的平靜與安慰，並從大自然世界中明白了真正的生存智慧。當放下害怕、憤怒，尋回一顆清明的平常心，就如瀕死時的靈魂一樣，心境變得平靜安寧。這是第三塊療癒念力基石。

第四塊基石：如夢的潛意識環境

療癒金字塔的第四塊基石是進入如夢般的潛意識環境，這亦是重點所在。自癒能力是由潛意識所控制，要有效啟動這能力，必須深入潛意識層，在那裡建立最佳的治療環境。潛意識世界好比一個夢境與故事世界，一切都以象徵意義存在著，而夢語就是跟潛意識溝通的最佳及最有效語言。我透過催眠方法進入潛意識治療室，然後尋找內在的潛意識醫生。不管是潛意識治療室或醫生，其實都只是一個強大的象徵暗示，不僅代表內在的療癒環境，更把自癒力量形象化、具體化。病者能直接體驗如現實般的治療境象，繼而帶出真實的治療效果。

雖然催眠技巧是進入潛意識的有效方法，但潛意識就像無邊無際的大海，必須先找到通往療癒的內在路徑。所謂的路徑就是催眠的導入方法，可以看成是一種潛意識的導航暗示，引領患者到達代表療癒的境地。經過不斷地嘗試與鑽研，我創造了一套簡單而有效的導入法，幫助我找到自己的潛意識醫生。這套催眠導入法是綜合中醫、印度吠陀醫學與大自然世界而來的，透過拆解人體跟自然生態，領悟出生命能量的來

源與運作。

大自然生態就像一幅川流不息的生命元素圖譜，每個生命看似獨立存在，其實是互相依賴、循環不息的整合體。中、印醫學的思維是倡導身心合一，講求人體內各基本生命元素的平衡調和，造就出循環不息的生命能量。所以，人體與大自然都是以相同理念運作的。我把人體比作大自然生態的運作，解構出生命本質的五大基本元素：地、水、火、風、空。我將此轉化為催眠導入法，稱為「生命元素導入法」。透過將體內元素逐一放鬆調和，把身體從固態，到液態，再氣化昇華，最後化成能量的光束，從而引導自己找到療癒的力量根源。

到達潛意識的療癒境地後，病者可能看見各種象徵自癒力量的意象，如治療室、醫院、醫生或神祇等。我的潛意識治療室是以醫院裡的診療室為藍本，其布置與擺設和現實生活十分相似，是一處讓我感到熟悉安全的地方。我在治療室遇見了一位身穿白袍，跟我長得一模一樣的潛意識醫生，他是幫我啟動自癒能力的關鍵人物。醫生的樣貌長相是根據病者內心投射而成的，可以是自己的模樣，也可以是熟悉並信任的人，甚至是所信奉的宗教人物或神祇。

第四章　潛意識內在療癒力

夢境與生理的祕密互動

我明白了自我療癒所需要的時地人因素特質，將四塊療癒念力基石逐一建構起來，一個巨形的透明金字塔在我面前緩緩轉動著。

「你做得很好啊！」醫生十分滿意我所建構的療癒金字塔。

「當療癒金字塔建成後，最後的步驟是輸入療癒的心念，利用金字塔內的吸引力思維網絡，把自癒念力迅速壯大增強。」醫生繼續說。

「但一般出現的心念都是零散隨意的，如何能製造出療癒的心念？」我問。

「如果要有效激發潛意識裡的療癒能量，就必須先製造出相關的心念暗示。因為夢語是潛意識世界最好的溝通語言，所以可利用夢境製作療癒心念，讓夢境變成有建

設性、有療癒目標的意象暗示。

雖說生理機能都是由潛意識所控制，但不等於不能透過意識主動做出調節。心理臨床研究已經證明靜坐冥想與生物回饋是兩種有效的方法，可讓人對自己的生理過程做出干預或控制，包括心跳、呼吸速度、血壓、氧氣消耗量、體溫、腦波等。

所以你也同樣可以以夢境意念改變生理機能，甚至進行療癒修補。」醫生解釋。

「當以催眠順利進入深層潛意識後，把預設編寫的夢境內容灌入，把自己傳輸到內在世界，真實地活在夢裡的同時，把夢境的影響帶回外在的身體，這是一種交互的另類身心連動。」

「夢境與身體的連動影響？」我語帶懷疑。

「夢境與身體的另類身心連動其實十分普遍，絕不是什麼痴人夢話。假設你現在正熟睡中，夢見自己身處一棟百貨大樓內，你十分高興地在瘋狂購物，突然大樓的火警鈴響起來，店內的人開始緊張走避，隨著鈴聲越響越急、越響越烈，所有人都在慌忙逃離大樓，你也跟著急忙逃跑……這時你突然醒來，發現床頭的鬧鐘正不斷響著。除聲音的刺激外，光線、氣味與外在環境的變化，都能相應地影響人的夢境。例

如，聞到煮食的香氣可誘發與食物有關的夢境情節出現，太冷或會看到下雪，太熱或會看見沙漠，水喝太多或會看到下雨的景象，暗示上洗手間的需要。所以，即使人在熟睡造夢，外界的刺激還是可以透過身體影響夢境。」

「但這都是外在刺激或身體影響夢境而已。」我抗議。

「夢境與身體的身心連動不只是單向，而是雙向相互影響的，夢境的情節內容往往能有效影響身體的生理機能，只是一般人不以為意。

例如當你夢見妖魔鬼怪等恐怖情境，或是被人追殺等緊張氣氛時，身體的生理反應會自動跟隨變化，因為身心是緊密互動的。所以當你驚醒過來時，會發現心臟在瘋狂跳動，全身冒著冷汗。又例如，當你夢見至親愛人發生不幸意外，或突然罹患重病離世，你悲慟難過，情緒幾近崩潰。雖然你知道只是做夢，但醒來時竟發現雙眼通紅，臉上還印有淚痕，一整天都心情鬱悶不安。

由此可見，當人真實地活在夢境裡時，夢境的影響可直接反映在身體上，製造出比意識理智強大百倍的影響力，這可算是一種高層次的精神活動。但要注意，夢境必須真實，真實得分不出是現實還是造夢，這樣所帶出的生理效果才真實，對身體的改

變與療效也越大。

所以透過夢境意象來改變生理機能或進行療癒，是絕對可信可行！你只需借助夢境注入療癒的心念意象，便可開啟激活潛意識的自我療癒系統，把念力有效轉化成自癒異能。」醫生詳盡地解釋何謂夢境念力。

「我明白了。那我們可以馬上進行治療了嗎？」我心急地問。

「這裡還不是你最終進行治療的地方。你必須先去看看你正枯萎壞死的骨頭，然後在那裡進行療癒修復。」醫生說。

我在想像右足踝的骨骼狀況。

「你要做的不是想像，而是真正進入壞死中的足踝關節，像農夫一樣為自己做災後的修復治療。這是真實的夢，真實的治療。」

「我如何能到達我的足踝關節？如何變成農夫？」我不明白。

「做夢。以催眠方法製做夢境。」醫生說。

「催眠？我不是已經透過自我催眠進入了潛意識的治療室嗎？難道你是說在這裡再進行另一次催眠？」我不敢相信地問。

「就像是科幻電影般，一層又一層的潛意識階梯。所謂催眠中的催眠，就是在潛意識層裡進行『二度催眠』，到達更深的潛意識層裡，在那裡你將會抵達你受傷的足踝，親自替自己做治療。這自癒能力是你與生俱來的，能以不同形式展現，不論是幻化成一個農夫或是工匠，都是具有象徵意義的治療。」醫生解釋。

「我要在治療室裡進行二度催眠，而你將會作為我的催眠師，是這樣嗎？」我再一次確認。

「所謂二度催眠，就像『夢中夢』一樣。如果這裡是你清醒時用意識建構的夢境，那就在這裡以夢中的意識，再建構另一個夢境。」

二度催眠的夢中夢

二度催眠是在潛意識中再一次進行催眠，也就是所謂催眠中的催眠，比喻就像夢中夢一樣。

回憶中，我也曾有過夢中夢的經驗，看見自己處於一個陌生的城市裡，全是陌生

的街道與陌生的建築物。整個城市都是空的，走了半天看不到一個人，汽車也被有秩序地棄置在馬路上。路旁是一排排的商店，既沒有顧客也沒有店員。

我看到在路口的轉角處有一間燈火通明的辦公大樓，我疾步走向大樓推門進去，看見了滿屋的辦公人員才稍微放下心來。當我正想向裡面的職員查問時，才發現所有的職員竟然跟我長得一模一樣。

很多個我，像沒有靈魂的機械人不斷重複手上的工作。我被困在這座空城裡，找不到任何離開的出口，我沿著大路一直往前跑，最後到達了城市的邊緣。邊緣都是懸崖，下面是看不見底的萬丈深淵，這就像是一座被遺棄的孤城。

突然間大地開始震動搖晃，整座城市逐漸崩塌瓦解，大樓一幢幢地倒下，橋梁斷裂、馬路下陷，我拚命地往高處跑，但整片大地同一時間塌下去了，我也跟著下墜……

這時我才驚醒過來，心臟怦怦地跳動，原來我在公車上不小心睡著了，剛才是在做夢。我擦了一把汗，倚著窗旁觀看車外的風景，這是回大學時必經的路段。現在是什麼時候了，我為什麼會在返回大學的路上？可能因為還沒有完全清醒過來，頭腦感

覺混混沌沌的，就連現在是什麼時候也想不起來。我用手指輕輕按著太陽穴，希望趕快把意識召回來。

車子快到站了，我按鈴準備下車。可是公車並沒有在大學站停下，而是繼續往前駛去。我心想今天真是見鬼了，連公車也過站不停。我只好再按一次鈴，確定下車的燈亮了，電鈴也發出了提示的聲響。但奇怪的是車子完全沒有慢下來的跡象，再一次高速駛離應該停靠的站牌。

這到底是怎麼回事？司機是怎麼搞的！

正當我想上前把司機臭罵一頓時，我突然察覺車內有點不尋常，車裡只有我一個乘客。這真有點不可思議，因為這公車平常都是擠滿了回校的大學生。我半帶疑惑半帶氣憤地走到駕駛座旁，還沒有開口便被眼前的景象嚇傻了。

駕駛座是空的，這輛公車不但沒有乘客，就連司機也沒有。我嚇得渾身冒汗大叫起來。這公車像是裝了自動導航系統，以無人駕駛的形式在公路上高速奔馳。

我想離開，但車停不下來，我根本沒辦法逃離，我更不知道這輛公車要帶我到什麼地方。這時我看到旁邊有一台汽車駛近，我趕緊探頭出窗外大叫救命，但汽車的司

機根本沒聽到我的呼叫，一下子便駛離了。我沒有放棄拚命地叫著，喊叫的聲響在我身邊迴盪著，不斷地放大，終於把我驚醒了。

我睜開眼睛看看四周，牆上的掛鐘指著四點一刻的位置，原來我一直在做夢，先進入了一個夢境，然後在夢境裡再次睡著了，再做了另一個夢，這種夢中夢的經驗真奇妙，感覺像是到達了潛意識的底層。

在精神分析學裡，夢一直被視為通往潛意識的大道，透過閱讀夢境，我們得以了解窺探內心真正渴求的是什麼，真正害怕的是什麼，真正躲藏的又是什麼。夢境就像是一個故事、一套電影，人物與情節只是象徵的意義，只是反映投射了潛意識在想些什麼。

我還記得做這個夢中夢是在大學剛畢業沒多久時，那時的我本來是計畫留在大學研究院裡繼續研讀，但最後卻選擇了投身警務工作而放棄升學。我內心一直處於掙扎的狀態，感覺像是為了現實生活放棄了理想，十分渴望回到大學，就像我乘著過站不停的公車駛過大學一樣，既回不去又不知道車子將要開到哪裡，沒有了昔日的同伴，只有我孤獨一人搭乘這輛命運快車。

但原來我更害怕的是掉進一個陌生的國度，一個我拒絕成長的世界，我害怕被這個社會制度同化，失去了自我的價值與思想，害怕被迫過著重複的生活，每天做著相同的工作，就連吃飯、睡覺的時間都被規定管束著——這才是我想要留在大學繼續研究的真正原因，當時所謂的理想，只是為逃避所編造的一個美麗藉口而已。

回想起這次夢中夢的經歷，讓我明白「二度催眠」是絕對可行的，亦是走進深層意識的一個絕妙方法，我怎麼都沒有想到呢？那技巧就像續夢一樣。

夢境的療癒意象

「今次會面的時間差不多結束了，我們下一次再繼續吧。記著，你的康復絕不是一個短暫的過程，而是遠比你想像中的漫長與艱苦。這是一次對信心、耐心與決心的最大磨練與考驗。」醫生最後說。

接著，我便離開了治療室，沿著來時路，看到同樣的燈光與天花板，踏著同樣的塑膠地板，回到那一扇通往深層潛意識的大門。我再次轉動門上的把手，離開潛意識

的世界。

今次尋找潛意識治療室與醫生的旅程已經結束，我開始催眠導出的程序：

「現在輕輕閉上你的眼睛，慢慢從潛意識的世界回到清醒的狀態，留意你的呼吸，感受你的身體，你的感覺亦開始慢慢恢復過來，五官五感逐漸恢復敏銳。現在從一數到五，當數到五後，你將會完全清醒過來，頭腦清晰，思考敏捷，精神飽滿。一、二、三，每一次的呼吸都讓你更清醒，知覺更敏銳，你已經帶著自癒的能力回到清醒的狀態裡。四、五，你已經完全清醒，完全地清醒過來，精神飽滿地清醒過來。」

我再次睜開眼睛，看見昏暗的房間，四周出奇的寧靜。微弱的燈光依舊從小燈泡散射出來，牆上的掛鐘剛好指著一點整。

房間維持著催眠前的模樣，沒有絲毫的改變。我剛進行了一小時的催眠治療，但在潛意識的世界裡，時間彷彿以不一樣的速度緩慢流動著，而我根本感覺不到所謂「時間」的東西。

在進行下一次的夢境治療前，我重新解構潛意識治療室與醫生的作用，讓自己更深入了解夢境意象的運作模式。

我先想像自己預設的治療室模樣，就像是做白日夢，把自己置身於夢境裡。我的治療室是以醫院裡的診療室作為藍本，其布置與擺設和現實生活十分相似，這個治療室我已經來過不知多少次了。這個熟悉的場景，讓我有一份安全感，減少了因陌生而造成的不安，可以幫助我更容易導入。

另外，我為自己模擬想像出一位潛意識醫生，他是我完全信任的醫生，也是幫我啟動自癒能力的關鍵人物。醫生的樣貌長相是根據自己內心投射而成的，可以是自己的模樣，也可以是熟悉並信任的人，甚至是所信奉的宗教人物或神祇，所以每個人的潛意識醫生，可以有著完全不一樣的容貌。

設立治療室的目的，是要給予自己一個象徵暗示，代表了潛意識進行治療的地方，只要能到達那裡，我就可以處理我的身心問題。至於潛意識醫生，他是另一個更強大的象徵暗示，代表著自我療癒復元的力量，醫生不僅把自癒能力形象化、具體化，更重要的是讓我可體驗到治療的真實過程。

我相信潛意識醫生是最了解我身體狀況的人，他擁有卓越的治療能力，能透過各式各樣的醫療手法與技術，為我提供奇蹟般的診治。治療包括一般所認識的外科手

術、物理治療、藥物、氣功、激光、電療、化療、氣功、針灸等等，甚至是聞所未聞的奇異方法，如二度催眠、夢境治療等。其實深入潛意識層正是要尋找那未知的可能，因此必須相信自己的潛意識醫生，即使他給你意想不到的建議，或異想天開的治療方法，只要把一切交給潛意識醫生，相信他會為你做出最正確的診斷，給予你最好的治療。

在潛意識的世界裡，沒有什麼是不可能的，只是我們知道的太少了。

第五章　枯竭的大地骨骼

第一次夢境治療

今天是二〇〇五年五日一日。我把房間調整成預設的催眠環境，然後開始自我催眠程序。

我首先對身體進行生命元素的放鬆導入，把組成身體的地元素放鬆，讓骨骼、肌肉、器官與內臟的壓力卸下，如海綿般重回彈性，輕鬆自在。

接著是水元素放鬆，放鬆的感覺隨血液流經身體每一部分，把身體逐漸溶化，變成清晰透明的水分。

風元素放鬆，氧氣隨著呼吸運送到身體每一個角落，注入無比的氣機與放鬆的感覺，把身體從水提升成氣態，變成一團輕柔的空氣。

火元素放鬆，體溫隨著血液把溫暖的能量帶到身體的每個細胞，安詳舒適的溫度透過皮膚上每個毛孔傳送陣陣溫暖，讓氣化的身體充滿能量，昇華成一團亮光。最後是空元素放鬆，身體內每個大小的空間都充滿了光明，亮光從身體內迸發出去，充斥了整個外在空間。身體的界限逐漸消失，跟宇宙融為一體，我變成了純粹光明，純粹的亮光。

我以生命元素的催眠導入法，順利進入深層的潛意識，再一次回到潛意識治療室。潛意識醫生如常地在房間裡等待著我，彷彿我是他的唯一病人。

「你好像對來的路徑還有一點陌生，不用擔心，只要多來幾趟，你很快便會熟悉。」潛意識醫生說。

「昨天你說治療將會是一個漫長的過程，那大概需要多少時間？還有，我能完全康復嗎？」我問。

「這兩個問題我暫時不能給你確定的答案，也許先讓你了解你足踝的實際情況，這樣你對整個療癒過程會有更清楚的概念。我們現在要到達你足踝受傷的部位，不單只做詳細的檢查，還要在那裡進行最直接的治療。

你只需聽從我的指示，我將會一步一步引導你進入潛意識的底層，只有到達那裡，才能重啟你的自癒能力，才能治療你的傷。當到達受傷的骨骼後，你將會變成我，成為自己的潛意識醫生。記著，在潛意識裡，你將擁有所需的一切自癒能力，給予自己最有效的治療。」潛意識醫生囑咐說。

「我要做的像是『夢中夢』一樣，在這裡安心睡著，內心想著要建構的治療夢境，然後進入夢境裡治療我的右足踝關節嗎？」我確認地問。

「我會變成你的催眠師，幫助你進入像夢一樣的潛意識底層世界，你只需聽從我的暗示，一步一步走進你的夢境。當到達你的足踝時，我的工作便完結，你得完全依靠自己的能力，替自己進行任何適當的治療。記著，那裡就像做夢一樣，沒有任何預設的限制，相信你有改變夢境的能力。」潛意識醫生說。

然後我們開始了二度催眠。

二度催眠

「把你的呼吸盡量放慢，讓呼吸盡量深沉。徹底地深深吸氣，讓你感到舒適飽滿。再次徹底地深深呼氣，讓你感覺放鬆自在。

放鬆你的身體，從頭到腳逐一放鬆，如海綿般輕盈自在，恢復原來的彈性。隨著每一次的呼吸，身體逐漸放鬆。呼吸，頭部放鬆，五官放鬆，腦袋放鬆，整個頭部都鬆開來了。頭部從固態轉成液態，再氣化昇華，最後變成亮光，成為充滿能量的光束。

呼吸，身體放鬆，頸部、胸部、腹部、背部跟著放鬆，整個身體都放鬆軟化。整個身體從固態轉成液態，再氣化昇華，最後變成亮光，成為充滿能量的光束。

呼吸，四肢放鬆，肩頸、雙臂、雙手放鬆；大腿、膝蓋、小腿、腳掌放鬆，四肢都徹底地放鬆。手腳四肢從固態轉成液態，再氣化昇華，最後變成亮光，成為充滿能量的光束。

呼吸，全身的皮膚與肌肉完全放鬆，全身每根毛髮、每道毛孔都徹底放鬆。再呼吸，全身的器官與內臟都跟著放鬆，放鬆的感覺延伸進身體內部，每個細胞都如棉花

般輕柔輕鬆。

身體每個細胞從固態轉成液態，再氣化昇華，最後變成亮光，成為充滿能量的光束。

現在你化身成光明，跟宇宙結合成純粹的光束。」

治療圖騰導入法

我選擇了一個遠古的圖騰作為視覺的聯想（可在進行催眠前先想好，如預設暗示一樣），這圖騰對我有著深厚的象徵意義，代表著治療、能量與奇蹟。我只要一看到這圖騰符號，便自然地跟這些概念相連。比方說，當看到傳統的紅色十字符號，便自然聯想起醫院拯救傷亡的象徵意義。為了加強這種關聯性的聯想，可嘗試清醒時手繪心中代表治療的符號，一面繪畫一面想像與治療相關的畫面，從而建立起關聯性的暗示訊息，這可大大加強催眠導入時的成效。

「繼續保持你的身心放鬆，你的治療圖騰出現在你面前，一個代表著自癒能力的

遠古圖騰呈現在眼前。集中精神看著這治療圖騰，所有的意識，所有的關注都落在這個圖騰上。圖騰發出閃閃的亮光，晶瑩剔透的亮光，光溫柔地照耀著你，從頭到腳把你包圍，你感到無比的溫暖，無比的安全。

光線慢慢滲進你的皮膚、融入你的身體，你感到渾身充滿了力量，這是來自遠古圖騰的治療能量。同一時間，你亦擁有了這療癒的能量，治癒自己身體的無比力量。這光明會一直包圍著你，保護著你、你不會受到任何傷害。

現在你已經準備好進入你的潛意識底層，帶著自我療癒的能量，帶著保護好你的光環，進到你的身體裡去，深入你的骨骼，一直到你的右足踝關節，在那裡你將幻化成自己的醫生，治療你的骨骼傷勢。

你的面前出現了一部升降機，一部古老的升降機，閘門緩緩打開，你向前走進升降機裡。升降機的燈光十分柔和，空間大概可以容納四個人左右，控制板上設有不同數字的按鈕由『1』到『10』，你輕輕按下最底層的『1』字。升降機的閘門再次緩緩關上，然後開始徐徐下降。升降機像在一個神祕的管道裡下降著，緩慢而穩定下降著，你透過控制板上寬大的顯示器知道你一直在下降，10、9、8，你開始有深入地底

層的感覺，一直往下沉，7、6、5，繼續緩慢地深入你要到達的底層，就像沿著你的腿骨一直往下沉，沉到你的足踝關節，4、3、2、1。

升降機停下來了，銀幕顯示著『10』字，然後『叮』的一聲，閘門再次緩緩打開，升降機外的光線照射進來，你迎著光線步出升降機，你已經到達了潛意識底層，這裡是你的右足踝關節。」

地震後的災難現場

當我步出升降機，醫生的聲音便消失了。我環顧四周環境，被眼前的景物嚇了一大跳：我在一片荒涼乾涸的土地上，就如醫生之前所說，這裡簡直如大災難後的場景，大地的中央有一道很深的裂縫，把大地分成左右兩半，那裂縫像一道萬丈深谷，大約十公尺的寬度，若要橫越對岸，則須從背面繞一個大圈。除這道深坑外，地面上亦有許多不規則的裂痕，有好幾處地方出現了像地震遺留下來的坑洞。

四處都布滿了沙礫石塊，像頹垣敗瓦般散落一地，有的道路被巨石堵住，整片土

地像是被大火燒過一樣，呈現出缺水的乾裂痕跡，但並不存在任何生命氣息。這就是我的腳踝。

我的工作是要把這片荒漠的土地變回潤澤的泥土，可以種植萬物的肥沃土壤。這看似真是一件不可能的任務。

我該從何做起？單靠我一個人的力量真的可以嗎？這裡什麼也沒有，連一件工具也沒有啊！

「相信生命的奇蹟。」聲音在我腦中響起。

我記得醫生跟我說過，在這裡我將擁有無限的資源，我將成為擁有最強大療癒力量的治療師。

這時，我看看自己的身體，才赫然發現自己已經變成了一個農夫，穿著一件白色的長袖汗衫、一條寬鬆的工人褲子，腳上穿了下田的防水厚底膠鞋，頭上還戴著一頂斗笠。身後是一間小農舍，裡面放置了各式各樣的工具器材，我所需要的東西都可以在那裡找到。

我明白了，這就像做夢一樣，只要相信，夢境便會成真，心想事成就是這裡的法

則。但要改變這片荒土的面貌，只得靠我的一雙手，我的努力付出就是我的自我療癒，當我能為這片荒地帶來生機，便等於為我枯萎的骨骼帶來重生，這一切就如夢境般的象徵意義，原來這才是潛意識治療的真正意思。

我沒有立刻開始進行修補的工作，相反地，我先脫下靴子，赤著雙腳踩在土地上，仔細檢視每一吋土地，用心感受並了解它的需要，傾聽它的聲音。接著我拿著筆記本仔細記錄這裡的地貌狀況、四周損毀的程度，與修補的需要，做了一份既簡單又詳盡的探勘繪本。

這時候，一陣美妙的天籟之音從遠處飄來，輕快的音韻充斥了整片天空，這是我所預設的《四季》春季樂章，是我預設的暗示音樂，提醒我兩個小時的治療時間快要結束，現在想起來真像是電影《全面啟動》裡的音樂喚醒設定。

二度催眠導出

我放下手上的工作，走回升降機的進出口，閘門悄悄打開，像是在等待它唯一的

乘客：我。我按下最高的頂樓數字「10」，閘門緩緩關上，升降機開始往上爬升。《四季》繼續在升降機裡播放著，伴隨著我緩緩上升。

「銀幕顯示出樓層的數字，1、2、3，升降機往上升的同時，你的意識亦開始越來越清晰，感官開始慢慢恢復，4、5、6，到達頂樓的時候，你將會離開潛意識的底層世界，返回潛意識的治療室，帶著清醒的頭腦與敏銳的感覺，7、8、9、10，然後發出『叮叮』兩聲提示，你已經到達潛意識的頂層，你可以慢慢張開眼睛，現在你已經回到清醒狀態，完全的清醒。」

我再次睜開眼睛，趕快回過神來。我看看自己的雙手，再看看房間的四周，牆上的掛鐘剛好一個小時過去了。我再一次確定已經回到現實世界，從潛意識的底層回到清醒的狀態，而不是從夢中夢醒來還留在夢裡。

《四季》春季樂章依舊播放著，節奏轉成輕快活潑，充滿生氣。這是我首次成功進行二度催眠，感覺真的十分奇妙。我到達了受傷的足踝，親眼目睹關節骨枯的真實狀況。雖然那景象滿嚇人的，但這次的成功體驗，為我的康復帶來了一線曙光。

第二次夢境治療

今天是二〇〇五年五月二日，進行第二次夢境治療。我如常調整好催眠的環境，開始進行生命元素導入，順利到達潛意識治療室。

「現在你應該很清楚你足踝的骨枯情況吧。」潛意識醫生說。

「比我之前想像的嚴重多了，也比我在現實世界的醫院裡看到的真實得多。難怪那些醫生都感到束手無策，我昨天醒來後，也一直在計畫該如何進行這龐大的復健工程，你能給我任何意見嗎？」我問。

「不要被你眼前的景象嚇倒。你想想自己是從五、六十層樓高摔下來的，但現在還不是好好地活著嗎？這就是生命的力量，你也可以說是生命的奇蹟。記著，這將是一場漫長的考驗，就像馬拉松長跑一樣，重點是考驗你的信心與決心，而不是你的體力。途中你可能會遇到很多困難，可能會碰到沮喪的時候，能否完成整個療程，將取決於你的心態。相信自己，按著你的步伐節奏朝向終點一直跑下去，不往前張望也不往後回顧，只管順著一步一步走好眼前的路。」這就是潛意識醫生給我的建議。

「只管抱著信心與決心順著走。」我重複潛意識醫生的重點。

二度催眠導入

之後，我們開始進行二度催眠。治療圖騰再次在我面前出現，把療癒的能量灌滿我的身體，在周圍織起一面保護的安全網。我乘著潛意識升降機，緩緩降落到潛意識的最底層，10、9、8、7、6、5、4、3、2、1，再一次到達了我的足踝關節，變成治療這大地的農夫醫生。

「不要被這滿目瘡痍的景象嚇倒。」我在心裡對自己說。

我開始編排工作的先後次序，把大地劃分成不同的區域，有系統地進行清理工作。要移除眼前這許許多多的障礙物，感覺有點像愚公移山。我在農舍的倉庫裡找到鏟子與手推車，利用這些簡單工具清理堆積路面的沙礫石塊。我找遍整個倉庫，也沒發現任何大型的運輸器具或電動工具，彷彿向我暗示，我只能靠自己的一雙手，一點一滴努力地為自己做治療，說明這裡的奇蹟是靠人自己創造出來的。

我沒有想過需要多少時間才能把所有障礙物清除，只是低頭彎身辛勤地工作，一面清理堆積物，一面填補地面凹陷的坑洞。原來在潛意識裡做這些粗活跟現實世界沒兩樣，不消一下子便汗流浹背，氣喘如牛。起初我還以為自己真的身在夢境裡，是不必花上任何力氣的，但這夢未免太真實了吧，所以連感覺也跟著真實起來。

我提醒自己放慢步伐，不要急進，就如長跑一樣找回自己的節奏。工作一段時間後便停下來休息，累了便坐下來，或直接躺在地上小睡片刻，等體力恢復後再繼續工作。也不知道過了多久，我忽然聽到了從天上傳來《四季》的音樂，告訴我治療的時間就要結束，是該下班回去的時候了。

二度催眠導出

我放下手邊的工作，回到潛意識升降機的入口處，按下最高層的數字，升降機緩緩往上爬升，1、2、3、4、5、6、7、8、9、10。升降機到達頂層，閘門打開的同時我也慢慢張開眼睛，我已經回到完全的清醒狀態，躺在房間的躺椅上，《四季》

繼續飄揚著，我沒有把樂曲按停，一直到冬季的樂章播完為止，正式完結了我的第二次潛意識催眠治療。

夢境念力療法的誕生

我把這兩次潛意識治療的經驗整合，編出了一個完整的治療程序，作為以後的療程藍本。一次完整的夢境治療，包括了三個不可或缺的催眠階段，分別為：潛意識導入、夢境治療，與潛意識導出。

在催眠導入的階段，我把中醫的東方哲學思維，加進西方心理學的放鬆指令法裡，將人體拆解為基本的生命元素，讓我們重新閱讀人體，重新理解生命與大自然之間的關係。

透過身心放鬆的方法，把身體再一次整合昇華，然後以富象徵意義的遠古圖騰，把自我的專注力集中在治療的意念上，讓自己順利導進潛意識的療癒世界。

但治療室並不是我進行醫治的環境場所，醫生也不是為我治療的最終人物。潛意

識醫生以二度催眠把我送到一處荒漠大地上，大地的中央有一道如萬丈深谷的裂縫，把整片大地分成左右兩半。同時地面上有許多不規則的裂痕與坑洞，四處布滿了沙礫石塊，像頹垣敗瓦般散落一地。有的道路被巨石堵住，整片土地像是被大火燒過一樣，呈現出缺水的乾涸裂紋。大地的景象正好代表了當時缺血壞死的骨骼狀況，那就是我的右腳踝。

我的治療暗示是以夢境形式進行，透過二度催眠回到受傷的足踝，在那裡做最直接的象徵性療癒工作，藉以喚醒自癒能力。在潛意識的世界，一切皆以象徵意義呈現，不論是療傷或是治病，都如夢境電影般刺激自己潛藏的療癒能力。我雖然把治療的時間限制在一個小時裡，但其實在潛意識的世界，時間是以不一樣的流速運行著。這時間的長短也可以自由調整。

我把以上的奇蹟自癒療法稱為「潛醫識夢境念力療法」，是我走過這趟瀕死經驗及傷病經歷後感悟創立的一套自然療法，不存在於現有的身體或心理醫療系統。「潛醫識」是指潛意識蘊藏的強大自癒能量，能透過個人的念力轉化昇華，用以修復並醫治傷病的身體。而瀕死經驗不但讓我有機會窺探生命的祕密，也讓我學會如何創造生命

第六章　修路工、築橋師與農夫

第一階段：清理暨修補工

今天是二〇〇五年五月二十九日，是治療的第二十九天，地面的清理與修復工作大致完成，整個大地換上新的景象，而這個進展與改變都是自然形成的，這正好象徵了治療的效果。這裡不再是慘不忍睹的災後戰場，地面的障礙物能移除的已經移除，地上的坑洞能填滿的都已盡量填上。雖然地面還留下許多凹凸不平的痕跡，但已經恢復到原來的面貌了，至少不像最初：只要一不小心便會失足絆倒一樣。

「你已經做得很好了。」潛意識醫生鼓勵地說。

「但還是有很多無法還原的地方。」我回答。

「有些經歷總會留下一些痕跡，用這些不完美的傷疤繪畫生命，才是曾經活著的

最好證明。」

「就像痛一樣，痛是活著的另一證明。」我補充說。

第二階段：接骨的建築師

今天是二〇〇五年五月三十日。

「也許是該做進一步治療的時候了。」潛意識醫生亮起牆上的燈箱，換上新的X光底片，底片是我三天前在醫院裡拍的，跟數月前的相比並沒有絲毫的分別。

「你現在要處理的問題，是如何把斷裂的骨頭重新接合。意外發生時，你的距骨因受到強大的衝撞力斷成兩截，雖然當時醫院裡的醫生立刻替你進行外科手術，以兩根長鋼釘把斷裂的距骨焊接鎖緊，但由於缺乏血液與養分的供應，骨頭間的裂縫久久未能癒合。要是在正常的情況下，斷裂的部分早就縫合自癒了。」醫生指著足踝關節裡那道長長的白色裂痕說。

「這就是為什麼六個月過去了，但骨頭還沒有縫合的原因嗎？」我追問。

「或許應該說，這就是在三個月前就停止癒合的原因。很抱歉對你說，不管再等多久，這道裂縫永遠也不能癒合了。」潛意識醫生坦白說出實情。

「怪不得這道裂痕完全沒有消退的跡象，醫院裡的醫生只是一直叫我耐心等候，解釋說是因為年紀大了，加上傷勢特別嚴重，所以癒合時間比預期的長，但從沒有跟我說這癒合早在三個月前就已經停止了。」我驚訝地說。

「或許再過六個月，他們便會發現這狀況。但你也不能責怪這些醫生，因為你只是他們千百個病人裡的其中之一，他們每個月也只能配給十至十五分鐘時間替你診治，醫院交付到他們手上的生命太多了，所以如果你企圖把治療與健康的責任推給醫生們，這其實跟慢性自殺沒有兩樣，每個人都應該為自己的生命盡心盡責，作為自己最大的守護者。」潛意識醫生再一次提醒我。

這次意外讓我明白到：我對自己的身體有多陌生，就連照顧它的責任也往外推給別人，以為花大錢找專業人士，便是最聰明、最負責任的做法，其實這只是一廂情願。身體需要的根本不是這些，它要的是我們最基本的關懷與溝通，不用安排你認為的「最好」，只需聆聽它真實的聲音與渴求，生病時多給它休息與營養，不要對它焦慮

生氣，不要對它忽略濫用，這樣身體便能忠誠地為你服務一輩子。

「我會謹記的，作為自己生命的主人，我會好好地守護我的身體健康。」我同意說。

「回到你的第二階段治療，你現在要做的就是把割裂大地的裂縫接合，那道裂縫正是X光裡顯示骨骼斷裂處，剛好把整個足踝關節一分為二。很可惜你身體的自然癒合功能已經停止運作了。你需要重新進入那裡，以你的力量把兩片大地重新接上。有了這些新的連接點，自癒能力便可重新啟動，把分隔兩地的深谷填滿。」醫生解釋接骨的步驟。

「所以我要做的是建立新的連接點，像在裂縫上架起無數的橋梁，讓人可以自由無阻地通行大地。」

「有了新的連接點，大地的土壤便可依附生長，就像大樹的根跨越裂縫，最後兩片土地便可再一次縫合。記著，這是一片活著的大地，它具有頑強的生命力，但現在需要你的幫忙，全力協助它癒合。」

「我明白了，我就像一個建築工人，為自己的骨骼搭橋接骨。」

我們開始進行二度催眠。我回到了大地，發現今天的裝扮跟之前的有點不一樣，

我換上了一套像車房工人的維修服，褲子上附有多個大小不一的口袋，方便攜帶不同的手作工具：手上戴著厚重的建築用手套保護雙手，頭上原來的斗笠，此刻換上了工地的塑膠安全頭盔，我好像從一個農夫徹底變成一個建築工人。不只是我，連原來的農舍也改變了，變成了一座像倉庫的小木屋，裡面放置了各式各樣的建築材料與工具。

在潛意識的世界裡，我有著無限的資源可以運用，可是這裡的工作都是靠勞力進行的，任何的治療成果都是一點一滴努力換來，這裡並不存在「不勞而獲」的幸運。或許某些宗教上的祈禱所產生的自癒能力，就是這樣運作的，全看你願意為你的身體健康付出多少時間與努力。正因為這樣，才稱得上是人人平等，不分種族信仰，無分貧富貴賤。

我走到大地中央的裂縫，仔細地評估考量：裂縫的平均距離大約有十公尺之多，有的比較寬，有的比較窄，活像是一道不規則的長蛇峽谷。我俯臥在地上探頭觀看裂縫的深度，只見裡面漆黑一片，有深不見底的感覺。

我盤算如何建造連接的橋梁，倉庫裡並沒有任何大型機械，人手只有我一個。我想到小時候的我曾經是個童子軍，學習過很多野外的基本求生技能。記得有一次野外

訓練，就是要以最簡單的材料，編紮出一艘木筏然後橫渡一條小河流，當時我有的材料也只是繩索、木材，跟一些空桶子而已，但最後我成功地製成木筏，順利地橫渡小河。我突然領悟到，小時候都能完成的事，現在的我應該不會被難倒。

我在倉庫裡找來了繩索、木板、釘子等材料，再把要用的工具，如鐵鎚、木鋸、小刀等放進背包，然後開始動工，在裂縫的一方搭建木橋。我首先在岸邊建造樁柱，把兩根粗壯的木頭牢牢釘死在地上，光是弄這木樁就已經耗上半天的時間。接著我繞一個大圈走到裂縫的另一端，立起兩根同樣的樁柱，完成這些工作後，下班的音樂剛好響起，我脫下手套與安全帽，回到升降機重返清醒的狀態。

二〇〇五年五月三十一日　築橋

第二天，我回到岸邊繼續搭建橋梁，成功地以木條與繩索築起橋的外架，然後再以一塊一塊木板拼合，牢牢釘緊橋的走道，並把走道逐步向裂縫的中央延伸。為了讓自己不掉進深谷裡，我的腰間繫著一條安全的救生繩，並把繩的另一頭繫緊在樁柱

上。由於橋的搭建只是試驗性質，所以我小心翼翼地在上面緩慢步行。等到第二天的工作完結，橋已經有了大概的雛形。

二〇〇五年六月一日　築橋中

第三天，我把橋的一半走道建成了。

我坐在橋的邊緣、深谷的中央上休息，看著橋的對岸，忽然想起從前旅遊時看過各式各樣的橋：有跨越大海的、有跨越深谷的，還有跨越城市和森林的。但橋只能把分隔的兩地連接，卻不能把分隔的兩顆心拉近。

二〇〇五年六月二日　第一道橋的建成

第一道橋終於在第四天順利建成，我嘗試從橋的一端走到另一端，只花了不到一分鐘便可順利跨越中央的裂縫，我不禁興奮得大叫起來。但這一叫差點把我從潛意識拉

到清醒的狀態去，整個大地像地震般搖晃起來。我趕快把心冷靜下來，閉起眼睛深呼吸，告訴自己放鬆、放鬆、再放鬆。然後我坐下來好好休息後，重新調整工作流程，把工序集中逐一處理，這樣我就能更有系統、更迅速地施工。更重要的是，我現在不用繞一個大圈才能到裂縫的對岸了，我可以通過我所建立的第一道橋，把物資材料直接運送到彼岸去，這樣省掉了不少時間與力氣。

二〇〇五年六月二十六日　第十道橋的建成

就這樣，橋梁一道一道地建立起來，把橋的設計與工序簡化後，建橋的時間亦由四天縮減至兩天。在潛意識治療的第五十七天，我共建成了十座橋梁。

「看來你第二階段的接骨治療也進行得非常順利，以這樣的進度下去，你很快可以嘗試走路了。」醫生突然向我宣布這令人振奮的消息。

「意思是我的右足踝可以負重著地嗎？實在是太好了。」我興奮地說。

「不要太激動啊！」醫生提醒我說。

「那我要建多少橋梁，才可以嘗試負重走路？」我還是心急地追問。

「時候到了你會知道的，沒有人比你更清楚你右足踝的狀況。但這段時間，你要開始好好鍛鍊已經萎縮的大小腿肌肉，為你的再一次走路做好充分的準備。」醫生囑咐我說。

由於長期坐輪椅的關係，一如醫生所說，大小腿肌肉已經急速萎縮，現在差不多只剩下皮跟骨頭了。真不敢相信，意外前我還算是一個身材健碩的運動好手，意外後我竟變成一個瘦骨嶙峋的孱弱書生。

慶幸的是，現實世界中的醫院檢查報告指出：我右前臂的複合骨折已經完全癒合了，雖然鋼板與鋼釘還留在手裡，但完全不會影響我的負重與活動能力，這意味著我可以拄拐杖走路了。同一時間，我的左膝腫痛亦已經消退下來，雖然斷裂的韌帶不能以外科手術修補重建，但只要配戴適當的膝關節保護裝置，左腳還是可以負重走路。看來我的身體每部分都一起努力著，為我的再一次走路做好準備。

現在我每天都會進行兩節的肌肉負重練習，不只集中在大、小腿的肌肉上，還包括手臂與胸背的大塊肌肉。為了把右腳的負重分擔到身體的其餘部分，我必須強化相

關肌肉，這樣才能順利拿起拐杖走路。

二〇〇五年八月七日　第五十座橋的建成

今天是治療的第九十九天。第二階段的接骨治療，不知不覺已經進行了兩個月，我在裂縫上已經成功築起了五十座橋梁，應該建立了足夠的連接點，讓大地的土壤依附生長，讓裂縫重新癒合。

「你知道第二階段的治療已經結束，斷裂的骨骼正重新癒合起來。這應該是你嘗試學習走路的時候了。」醫生說。

「我也是這樣覺得，我期待在治療的第一百天嘗試著地走路，離開輪椅的世界。」我回答。

「我也同樣期待這一天。」

二〇〇五年八月八日　告別輪椅的世界

第二天一早起來，我便到現實生活裡的醫院進行定期的物理治療，我已經跟物理治療師說好要學習走路的決定。

「雖然這段時間你的復元確實進步神速，痛楚大大減少，關節活動幅度也大幅增加，但醫院X光檢查結果並沒有顯示出任何實質上的改善，所以醫生不建議你在現階段進行任何負重活動，包括以拐杖形式學習走路。」物理治療師還是擔心地提醒我。

「這點我十分清楚，請你不用擔心。相信沒人比我更了解我右足踝的狀況，我還是希望進行負重走路練習。」我堅定地跟物理治療師說。

「那好吧，但你要答應我千萬不要勉強，你只需輕輕地把右足踝放在地上，先讓負重減到最輕，等關節習慣了再逐步把重量增加。」物理治療師再三叮囑。

我雙手扶著輪椅的扶手，左腳踏穩在地上，全身用力地以單腳站起來。物理治療師在旁小心地攙扶著我，我拿好兩根手杖用力支撐身體，然後左腳踏前跨出一小步，站穩後，兩根手杖與右腳跟著趨前，右腳掌僅以腳尖的部分輕輕觸碰地上，就這樣好

不容易走完一小步。

雖然這只是一個小孩的步距，但對我漫長的復元來説卻是意義重大——這是我意外後成功走出的第一步，能再次走路，已是我遙不可及的夢想，這一小步讓我再次相信夢想。我心裡一陣感激，雙眼不禁泛起絲絲淚光。

之後，我開始每天學習以拐杖走路，走路的時間與路程一天比一天長，很快便可以輕鬆地以拐杖代替輪椅，正式離開了輪椅的生活。

第三階段：灌溉大地的農夫

今天是二〇〇五年八月九日。

不知不覺潛意識治療已經進行了一百零一天，共完成了兩個既定的治療階段，不但把骨骼的表面清理修補，更在關節斷裂的地方完成接合。這三個多月的堅持換來了奇蹟式的改善，我不但把止痛藥戒掉了，還開始了右腳的負重走路練習，正式離開了輪椅的生活。這一切都讓我見證了潛意識的強大自癒能力。

今天我要展開第三階段的引流治療，這亦是最關鍵的一環，如果能成功地把水再一次引進乾涸的大地，讓正枯萎的骨骼再一次得到氣血的滋養，這樣骨骼便得以重生，否則之前所做的一切都只是徒然。

隨著潛意識治療進入不同階段，二度催眠時所給予的「後暗示夢境治療」亦隨之改變，但導入與導出的標準過程基本上是維持不變的，只是我現在已經可以更快、更輕易地到達潛意識治療室，亦能更深、更投入地進行二度催眠治療，這一切都是因為熟能生巧的緣故。

當程序熟悉後，自己便可根據催眠時的狀況自行調整，有些步驟甚至可以縮減或跳過。其實催眠治療是十分有彈性的，所謂的標準程序只是一種指引與參考而已，重點是能順利進入催眠意境，給予有效的治療暗示。

「你好像對催眠治療越來越能掌握了。其實自由穿梭意識與潛意識，本來就是每個人天生的本領，只是當人放棄與內心對話的同時，這能力便逐漸消失了。」潛意識醫生誇讚我說。

「我也曾經一度喪失這寶貴的本能，好不容易才把能力找回來。現在有時候可以

在睡前為自己設計夢境，多了一份難得的做夢能力。」我笑說。

「先不要自滿啊，今天是第三階段治療的開始，也是成敗的關鍵，這一切都得靠你自己了，只要相信生命，一切奇蹟便有可能。」

「我明白。這麼多困難都經歷過了，我一定能堅持完成整個治療的。」

「你現在需要做的，是重新建立整個大地的供水系統，像農田一樣，挖掘水道，鋪設管道，讓水可以在農田裡自由流淌，重新滋養乾涸的大地。你可以在大地的外圍找到一些零星的水源，這些僅餘的水源就像沙漠綠洲般珍貴無比，謹記不要錯過也不要浪費，盡量把它們的功效發揮到最大。」潛意識醫生提醒我。

我回到大地，努力地在大地四周尋求水源，可是不管我重複走多少遍，也沒有找到幾個像樣的供水源頭。我把這些零星的水源位置做好標記，在地圖上一一記錄下來。這些所謂的水源，有些只像一口細小的水井，有些只是山邊石澗或是石縫的地下滲水，最大的也不過像河流的分支而已。雖然供應是源源不絕，但只可惜流量實在少得可憐，這比醫生所說的狀況更惡劣許多。

我努力盤算如何能發揮每個珍貴水源的最大效能，如何把水流引進更深、更廣闊

的大地，但不管我的水道網絡設計得多完善，或是流量計算得多精密，我也沒辦法找到一個可行的方案。第一天的引流治療便在挫敗中結束了。

二〇〇五年八月十日　尋找水源

第二天回到大地後，我再一次重新檢視附近的水源，確保昨天沒有任何遺漏。好消息是我沒有任何錯失，但壞消息是並沒有任何水源被遺漏，看來水源的供應就真的只有那麼一丁點而已。以我保守的計算，不要說整片大地，就連四分之一的土地也不夠供給。

我把焦點從尋找水源轉移到水道的網絡設計上，我在潛意識倉庫裡找到了各種連接用的管線，大的小的彎的直的，也找到各式水管配件，當然還有挖掘水道用的所有工具，所有建橋用的材料器具都不見了，全換上建水道時用的管線與工具。

我再一次抖擻精神，重新規畫大地的水道系統，最後總算得到一個較為妥善的設計方案。雖然此刻心裡還是充滿了疑慮，但總不能一動不動地呆在那裡，只好見機行事。

二〇〇五年八月十一日　水道設計

第三天我換上了水務工程人員的藍色工作服，腰間繫上測量用的量尺與指南針，開始在大地上做座標筆記，以紅色的繩子在地面上做水道模型。當我下定決心後便一直埋首工作，勇往直前，暫時忘掉那些憂慮。

二〇〇五年八月十三日　挖掘水道

開始挖掘水道是在治療的第一百零五天，這工作比建橋還要吃力，這麼大的一片土地真不知道要花多少時間才能完成。我每天準時回到大地工作，直到下班的音樂響起才回去，我日復一日不斷努力挖掘，水道通不過的地方便接上水管，不消兩個月，水道的網絡逐漸建立起來了。

二〇〇五年九月七日　打開水源閘門

今天是我最期待的一天，潛意識治療的第一百三十天，因為我將會打開水源的閘門，把水引流進大地。

「我會成功嗎？水源能順利流進大地嗎？」我問。

「你好像已經失去了治療起始時的堅定信念，此刻你的雙眼充滿了懷疑與不確定。大概從你尋找水源的時候開始，你便覺得這是不太可能的任務吧。」潛意識醫生說。

「我的信心確實動搖了，因為有了希望，所以開始害怕會失望。」我回答。

「這裡不存在希望與失望，只有信與不信。」

潛意識醫生說得對，我來這裡不是為了尋找治療的希望，我是因為相信生命，所以來這裡製造奇蹟，就像不可為而為之。

我返回大地，打開所有水源的閘門，看著水沿著管道緩緩流入大地，從周邊一直蔓延開來，慢慢流進大地的中央，就像蜘蛛網線一樣，結起互通互連的幾條網絡。但就在網絡連到一半的時候，水流突然停下來了，如之前所預料的，水源的流量太少

了，根本難以流進深遠的地方，更遑論灌溉整片廣闊的大地。

我有點氣餒地吐了一大口氣，這不是我早就預料的結果嗎？跟所謂的信與不信又有何差別？難道只要我相信，就能變出足夠的水源嗎？我躺在大地上，一時之間也不知該怎麼做，於是我把雙腳浸在水道裡，一陣清新的感覺從腳上傳來涼遍全身，突然頭腦也清醒了。

「我真笨，連一個農夫都懂的事情，我這個高材生怎麼會想不通。」我坐起來自言自語。

我的叔公不就是一個活生生的農夫嗎？小時候有機會就常跑到他的農田玩耍，在田裡轉來轉去。我的水道設計概念可能也是從小時候的回憶來的，只是我把這一切忘光了。

我還記得常在農田裡看到一個又一個的小水池，叔公總是叮囑我小心不要掉進去。

「這些水池是用來做什麼的？用來洗澡的嗎？」我曾經這樣問叔公。

「這是儲水池，可以把水儲起來方便灌溉，也可以把水引到更遠的地方，這樣偏遠的農田便有水供應了！」叔公當時這樣回答我。

所以，我現在要做的是：在適當的地點興建儲水池，作為供水系統的中途補給，這樣水便可以流得更深更廣。

我醒來的時候，很多兒時的回憶都跑回來了，我忽然很懷念叔公，很懷念那一大片農田，種滿各式各樣的綠色蔬菜。

生命真是一個奇妙的東西，很多看似毫無關聯的事情到最後卻能一一接上，一環接一環地緊緊相扣，好像沒有事情是獨立存在，或只是純粹的偶然出現。有些人稱這為因果，也有些人稱這就是命運，還有人說這只是事後的諸葛而已。

之後兩星期我都在挖掘儲水池，這些儲水池看起來真像沙漠裡的綠洲，讓我忽然想起潛意識醫生曾對我說的比喻：「這些僅餘的水源，就像沙漠的綠洲一樣珍貴無比。」可能是潛意識醫生想要向我傳達某種重要的訊息或暗示，只是我當時並沒有聽懂。

二〇〇五年九月二十一日　引流灌溉

今天是潛意識治療的第一百四十四天，整個水道網絡終於建成了。憑著儲水池發揮

的作用，流水緩緩地進入大地的心臟地帶，像巴黎的凱旋門那樣在中心點的綠洲匯集，把整個水道網絡貫連起來。大地再一次得到水的潤澤，有希望再度恢復原來的樣貌。

遙望這片曾經一度荒涼的大地，自己也不敢相信能變回如今的模樣。如果說這是奇蹟，這真的是用自己雙手所創造的生命奇蹟。有了新的水源流進大地，就等於有了新的血氣供應，我的大地、我的足踝骨骼重新有了生機，我真的可以復元了。看到這個情境，我突然跪在大地上，感動得落下淚來。

《四季》最後一次在遠方響起來，我把鞋脫下赤著雙腳，一面聽著《四季》樂章，一面在大地上漫步，感受這裡的一切。「春有百花秋有月，夏有涼風冬有雪，若無閒事掛心頭，便是人間好時節」，這也是人生的四季啊。

我有點不捨地回到升降機入口處，閘門徐徐關上，大地的景象在我眼前消失。我沒有直接返回清醒的狀態，我回到了潛意識的治療室，潛意識醫生依舊坐在同一張椅子上等著我。除了我以外，他並不需要服務其他的病人。

「你的夢境治療已經完成，足踝的複合性骨折正逐漸癒合，枯竭的骨骼亦已重新得到血氣的滋養，我相信再過一段時間你便可以完全復元，正常地走路，正常地運

動，甚至重回你意外前的生活。」醫生說。

「我不需要再回來這裡嗎？」

「你已經成功創造了生命的另一次奇蹟，你將恢復健康的身體，繼續你人生未完的旅程。」醫生說。

「所以康復並不是終結，而是另一個生命故事的開端。」

「記住！我永遠都活在你的潛意識裡，與你一同呼吸，一同生活，默默地守護你。」

「感謝你這一百四十四天對我的悉心治療。」我向醫生做最後的道謝。

第七章　大自然成就的自癒奇蹟

經過一百四十四天，我順利完成了三個階段的夢境治療，成功把療癒念力轉化成自癒異能，使足踝的複合性骨折重新癒合，枯竭的骨骼再度得到血氣滋養。我的腳患出現了不可置信的奇蹟復元，不但救回了壞死的骨骼，更翻轉了醫生對我宣判的終身殘障命運。

意外後不到一年，我已經能夠用雙腳走路，逐漸恢復原來的正常生活。我康復的速度，讓醫生也大感驚訝。或許應該說，有點不可思議。當然，我沒有提及二度催眠或夢境療癒的方法，只回答說：「醫生跟病人都在一起努力創造奇蹟。」

「能以雙腳走路的感覺真是太奇妙了。」我感慨地喃喃自道。

尋找太陽雨

雖然我創造出不可置信的醫學奇蹟，但我的治療旅程還沒有真正完結。

我的復元就這樣打住了，好像到達了某個極限盡頭，僅管盡了自身最大的力量，然而不管怎麼努力，就是跨不過那條看不見的界線，不能再向前多跨一小步。雖然從身體與生活的基本面來看，可算是真的康復了，但我心裡知道距離徹底的復元還有那一點點距離。那感覺就像一個運動員受傷康復後，從前得心應手的動作卻變得力不從心、左支右絀，再也發揮不了原來應有的水準。

話雖如此，我是完全接受並感恩自己的右腿，也不再執迷於所謂的完美身體、完美人生。在治療復元的過程中，我同時以醫者與病者的目光，窺見生命的奧妙與能量的轉換。親身體驗過療癒能量的產生與轉化過程後，我對生命力量有了新的啟發，對自癒異能產生了更大的好奇。

就如潛意識醫生之前所說，我的力量是有極限的，大地好像還需要些「什麼」，而這個「什麼」並不是我能力所及的。我曾經再一次回到潛意識治療室，詢問醫生如何

突破療癒的瓶頸。

「你已經做得很好了！我不是說過，人是有極限的嗎？你已經盡最大的力量灌溉這片本來已經枯竭的大地，可是要徹底痊癒，你還需要外在能量。」我與他在第一層潛意識的醫療室討論著病情。

「那外在的能量是指什麼？」我問。

「你得靠自己去尋找答案。比喻來說，大地不是單靠人的灌溉就足夠的，而是需要天上的雨水潤澤萬物。」

「像雨一樣的東西。」這是潛意識醫生最後給我的提示。

當我還在苦惱如何找尋外在能量時，一個熱心的朋友對我說：「我認識一位高人，他之前患了嚴重的脊髓病變，每天只能躺在床上，但後來學會了一套失傳的氣功療法，經過兩年的練習以後，竟然可以再次走路，並且完全康復了。要不要試試找這位高人幫忙？」

說真的，這種奇人異事的傳聞，受傷後我也聽過了不少，但大部分都是斂財騙人的江湖術士，所以聽到朋友這樣說，我一直沒有放在心上。但沒想到在一個週日的早

上，那位朋友突然來電說：「高人現正在附近的山上修練氣功，若現在趕到山上去，也許可以找到他為你提供治療的意見。」

時鐘正指著六時三十分，不忍辜負朋友的好意，我只得起身出發。朋友熱心地將車開到山上的一座小樹林停下，我們沿著小路走到一處靠近懸崖的地方。我看見一個穿著唐裝的中年男子，聞風不動地站在崖上。中年男子並沒有理會我們的到來，大約過了十五分鐘後，他向我們走過來。友人表明來意後，那男子請朋友先回車上等候。

「嚴格來說，這不是什麼門派的氣功療法，我只是借助大自然的能量為我修補受損的身體。當你能與大自然連結，大地之母的能量便能透過連接的軌道，傳送到你的身體，為你提供治療的能量，因為宇宙萬物本來就是一體的。」中年男子說。

「身體以外的能量。」我說。

「若想要學懂這種與大自然連結溝通的方法，你必須先通過考驗，得到太陽的允許，因為它是所有能量的根源。」

與大自然連結溝通

此刻，太陽正猛烈地照射大地，可是中年男子卻把眼睛睜得大大地看著太陽。然後他要我跟他一樣望向太陽。我試圖把眼睛張開，可是陽光太猛烈了，眼睛只感到一陣陣刺痛，淚水不斷地湧出。我想，那是不可能的，他可能只是找個藉口來故意為難我吧。可是他真的正視著太陽，臉上不但沒有一絲痛苦，表情更像是認真地在跟太陽對話一樣。

我閉上眼睛深呼吸，集中精神，嘗試感受著大地的氣息，我也要跟太陽對話。就在這時，我聽到內心的聲音，那是智慧老人的聲音。他提醒我，我的潛意識世界裡有著無限的資源。

在潛意識的倉庫裡，我努力地尋找，找到了一副太陽眼鏡。

我把太陽眼鏡架在臉上，慢慢地張開眼睛，我望見了太陽，一個炙紅的火球掛在半空。這是我首次正視太陽，我看到了它表面上的奇異斑點，如火焰般燃燒的亮光。陽光雖然熾熱，但萬物正享受著那溫暖的能量，不論是飛禽走獸、或是花草樹木，都

一一浸淫在它照射的光裡，當中還有我也是一樣。

「既然你通過了考驗，獲得了太陽的允許。我現在教你與大地之母連結的方法。」中年男子把目光轉向我。

中年男子叫我把鞋脫掉，光著雙腳站在綠油油的草地上。我依照他的指示，擺出獨特的手勢，感覺像接收訊號的天線一樣；然後，我跟著他複誦一些不明的語言，想像著身體與大地連接融為一體。

我聽到了大地的呼吸，我把呼吸也跟著同步調整。我感到了大地的溫暖，與我的體溫互相融合。

然後奇怪的事情發生了。我的雙腿彷彿長出一些像根一樣的東西，從大腿開始，一直伸延到小腿到達腳掌。那東西並沒有因此而停下來，繼續從我的腳底慢慢鑽進草地裡，穿過泥層，跨過沙石，一直深入大地的身體裡。我彷彿變成了跟大地之母聯繫著。不只是我，其他的一花一草、一樹一木也正跟大地之母聯繫著。

「我需要雨水。」我跟大地之母說。

然後奇妙的事情發生了，我的呼喚得到了回應，天空突然下起太陽雨來，豆大的

雨點閃爍著金色的光芒，不停打在我身上。雨水緩緩流進大地的土壤裡，透過我腳底下的樹根吸收到體內，徹底灌溉潤澤了乾枯的足踝骨骼。那就是我所需要的、像雨一樣的療癒能量。

原來當人跟大自然融合連結時，大自然的能量便能透過連接的通道，傳送到人的身體，為人提供另類的治療能量。從那次開始，我明白除了人本身的自癒能力外，大自然同樣蘊藏了無限的生命能量。

大自然的自癒異能

有了這次神奇的體驗與啟示，我開始嘗試及鑽研如何利用大自然能量做自癒能力。最後我把冥想念力跟禪修氣功互相結合，創造了一套運用大自然潛意識的自癒療法。由於我總喜歡在月亮底下進行修練，借助月亮陰柔的能量作為療癒異能，所以我把這套療法稱為「月禪自癒氣功」。

除了個人潛意識，其實大自然世界也同樣擁有無限資源與智慧，只要能進入大自

然的潛意識，便可以借用、分享蘊藏大自然的能量，一起為我的身體進行修復療癒，這也是打開自癒異能的另一扇隱祕通道。

在大自然世界，五大基本生命元素在各生物間循環轉合，不但形成了整個自然生態，更造就出生生不息的無限生命。人類作為整個生態中的一員，只要能將內心再次融入自然，便能感受到那股生命能量的流向。但要進入大自然的潛意識，我們首先需調整身心的頻率，找回自然世界的生活節奏。

現代人都處於一種病態的生活，身體不停地在趕忙，內心不住地在焦慮，身心總是在各走各路。人的靈魂也同樣地沒有一刻安住在當下，不是被困於過去的悲歡離合，便是迷失於對未來的憧憬幻象。身心分離的狀態不但造成了人自身的不協調，也讓人跟自然世界不協調起來。當靈魂迷失於時間之流，便再也感受不到大自然的節奏，失去了共融共鳴的頻率。

所以我們必須再次身心合一，才能感受大自然生命的頻率。瀕死經驗告訴了我何謂真正的和諧，當我以光亮之身浮於半空時，我感受不到身體存在的邊界，我是跟光海世界完全相融的。這種平靜和諧的感覺讓我明白何謂萬物唯一，無分你我，我正跟

整個宇宙自然一同呼吸，一同心跳，彼此的思想、情感、能量甚至生命都是互通互連的。在那個時刻，世界是大同，生命是共享，能量是循環不息的。只要把身心調整到這個狀態，我們便可開啟另一扇生命之門，這是大自然自癒異能的所在。

我發現大自然生命中存在一種無形的強大能量，這能量不但推動著整個生態循環，更維繫著每個生命體的存活。在中醫的理論裡，這生命能量稱為「氣」，但所指的不是呼吸的空氣或氧氣，而是有更深層意義的元氣、真氣，是生命之本源能量，有所謂「氣聚則生，氣散則亡」。

中醫認為氣不但具有生命活動的功能，是人體臟腑傳出的生命訊息，也可以看成一種與生俱來的液相壓力變化，是生物能量的一種。西方醫界稱氣為「生物能」，是人體器官產生的生理波。當器官發生病變時，細胞間電位差的改變，會影響細胞膜的通透性。利用先進科學技術與計算，測量出血液流動速度，會間接影響細胞間隙的帶電組織液流動，證實人體裡氣的流動、氣道的存在，建立氣血交換模式。

多年前，我曾以西方心理學專家的角度撰寫過有關氣功、太極與靜坐的中醫心理研究報告（《應用心理研究期刊》第四十六期），當中提到的臨床驗證，正好為大自然

潛意識提供了理論根據。中醫所提的氣就是我所指的生命能量，因生命流動而產生出來的能量，氣場則好比一道無形的能量場，可以看成生物的磁場頻率。

如果催眠是進入個人潛意識的技巧，那靜坐、冥想與氣功便是進入大自然潛意識的有效途徑。我以潛醫識夢境念力療法為藍本，合併禪修的冥想與中醫的氣功，成功感悟出一套「月禪自癒氣功」。月禪是一套修心與修身的禪法，主要是透過靜坐、冥想、氣功與太極達到天人合一，探求宇宙自然的生命智慧與能量，也是天地之心的所在。

這套奇妙的禪修功法著重意念與呼吸，講求的是氣的運用，就如太極與氣功一樣。人的真氣源於丹田，大概在腹部臍下的位置。丹田對調整呼吸、增進心肺功能、運動橫膈膜、強化內臟蠕動起了至關重要的作用。禪修時，人將改以腹式呼吸方式，藉以提高肺活量，加大空氣在體內的流轉。透過腹式呼吸，我們將呼吸節奏調至柔、勻、細、長、自然平和。

真氣是經過經絡氣脈所流通的，我們透過意念引導氣在身體裡運行，把氣徐徐送到丹田，即所謂的氣聚丹田。月禪是以心運氣，以氣運身，把意識與身體動作合而為一。當身心再次合一時，我們便可透過冥想意象，化身成大自然的一草一木、一沙一

石，感應大自然的能量頻率。要跟大自然融為一體，首先必須化身成自然，與大自然同呼同吸，順應自然，透過調節自身的能量頻率，從而達到跟大自然和諧合一。

當身心跟宇宙自然的頻率得到同步協調，彼此之間的氣場隔閡便可消除，能量之流得以貫通連接。月禪心法巧妙地應用在身體療癒上，使人彷如進入大自然的潛意識裡，和平共享這龐大的生物能量庫。此時，人可藉由冥想進入大自然意象，將能量引導轉化，改變器官及細胞的生物磁場，藉以進行身體上的修復療癒，又或是陰陽五行的調和互補。如果懂得掌控這股能量流向，更可利用物理學上的共震共鳴原理，將能量不斷提升及昇華，有如在大自然世界呼風喚雨一樣。這禪修方法就好比一把珍貴的鑰匙，能開啟大自然潛醫識的自癒異能。

中醫心理學

中醫（Traditional Chinese Medicine，簡稱 TCM）指的是中國傳統醫學。中醫凝結了幾千年來中華民族的智慧，是在中國古代樸素唯物論和辯證法指導下，並經過實踐逐步發展起來的醫學理論體系。中醫學以陰陽五行作為理論基礎，將人體看成是氣、形、神的統一體，通過使用中藥、針灸、推拿、按摩、拔罐、氣功、食療等多種治療手段，使人體達到陰陽調和而康復。

隨著醫學研究的進展以及東、西文化的交流，西方醫學界逐漸採納東方文化中有關身心一體的哲學思維，從而促成身心醫學（Mind/Body Medicine）、行為醫學（Behavioral Medicine）以及補充與替代療法（Complementary and Additional Therapy）等，嶄新的醫學研究領域的開展，受到西方醫學界的廣泛關注。以針灸為例，在德國，針灸療法已經獲得政府批准（Haake、Muller、Schade-Brittinge、Basler、Schafer 和 Maier，二〇〇七）；在英國，針灸被列入臨床治療指導手冊之中（Nice，二〇〇九）。在國外也有專門報導針灸療效的學術期刊，例如，一九七三年創刊的 *American Journal of Acupuncture*，以及一九八二年創刊的 *Acupuncture in Medicine*。這些都標誌著針灸得到了世界各國的廣泛認可，其背後的根本原因是

其治療效果已經反覆被實踐證實。

針灸與憂鬱症

就目前的文獻來看，在心理健康和心理疾病方面，針灸的應用領域主要有：憂鬱症、焦慮症、心理壓力。在Han（一九八六）的研究中，採用動物作為受試者（兔子和老鼠），發現針灸或者電針灸可以加速中樞神經系統裡血清素和正腎上腺素的合成、釋放。雖然這些研究用的是動物受試者，但是卻可以推廣應用到人類。由於憂鬱者與正腎上腺素較少有很大關係，針灸啓動正腎上腺素的效應能夠減輕憂鬱者的症狀。

Allen、Schnyer和Hitt（一九八八）的研究中，選取三十三名十八到四十五歲的女性作為實驗受試者，受試者被隨機分到特別治療組（實施治療憂鬱症的針灸方案）、一般治療組（實施與憂鬱症無關的針灸方案）和等待治療組（不實施任何治療）。對治療結果的評估採用訪談和填寫自陳式量表的方法，結果發現，相較於一般治療組和等待治療組，特別治療組的受試者改善狀況明顯好一些。

研究不僅發現針灸對心理健康的促進作用，也發現了其對行為矯正有顯著效果。有研究發現針灸能夠治療失眠症、減少藥物依賴和成癮。

太極拳心理健康臨床實證

臨床研究顯示太極拳透過深呼吸及放鬆的運動動作，可以有效放鬆肌肉（Koh，一九八二）。此外，太極拳具有冥想技巧，使人的精神狀態得到改善和提升，達至警覺性及注意力更集中的效果（Kutner、Barnhart、Wolf、McNeely 和 Xu，一九九七）。太極拳對情緒改善方面的療效，主要在於降低焦慮感，舒緩壓力和穩定情緒。Brown、Wang、Ward、Ebbeling、Fortlage、Puleo、Benson 和 Rippe（一九九五）對一百三十五名健康中年男女進行研究，女性平均年齡為五四．八歲，男性平均年齡為五〇．六歲。受測者被隨機分配到控制組、中衝擊度步行組、低衝擊度步行組、低衝擊度步行加放鬆運動組以及太極拳組。經過十六週訓練，太極拳組的女性在整體情緒上得到顯著改善，當中緊張情緒得到放鬆，憂鬱得到改善，憤怒、迷茫和不安得到舒緩。中衝擊度步行組的女性則在身體狀態方面得到較大滿足感，男性則在正面情緒方面顯著增加。除此以外，其他組別沒有在情緒和身體機能或自我效能方面有顯著差異。此研究提出，包含認知思想的運動訓練比只有身體運動的訓練，更能有效促進心理健康。Jin（一九九二）針對太極拳對於減壓的效能進行了比較性研究，九十六名平時練習太極拳的成年人（男女各占四十八名）分為四組，分別接受以下訓練：太極拳、健走、靜坐、閱讀。結果發現，四種訓練在減低壓力反應、恢復

情緒困擾方面同等有效，且太極拳組較閱讀組更能恢復活力。

氣功對健康與情緒之影響

在精神健康及情緒方面，氣功具有一定療效。Leung 和 Singhal（二〇〇四）對八十名氣功師及七十六名未從事氣功訓練者施測，結果顯示在 Eysenck Personality Inventory（EPI）分數上，練習氣功的年數與神經質（Neuroticism）呈現顯著負相關，且氣功師在神經質向度上的分數顯著低於未從事氣功訓練者；說明氣功甚至對於人格特質有一定影響。Tsang、Cheung 和 Lak（二〇〇二）對八名患有慢性疾病老人進行測試，受測者平均年齡六十八歲，並且在老人憂鬱量表上都呈現憂鬱傾向。經過十二週氣功訓練後，這些原本呈現憂鬱傾向的老人感到身心功能改善，肢體的活動能力增加，心理效益方面包括放鬆、舒適感、樂觀和睡眠改善。證明氣功對於憂鬱和患有慢性疾病老人有改善症狀作用。

靜坐與身心健康

靜坐旨在改變內在意識與調整身心，是一種身、心、靈整合的訓練（Ludsin, 2004）。過去的研究大都表明靜坐具有促進心理或生理健康的效果，尤其是針對憂鬱

症、焦慮症、癌症、高血壓、糖尿病等疾病。在研究靜坐如何幫助治療種種身心疾病時，超覺靜坐（Transcendental Meditation）、打禪（Zen Meditation）以及初期佛教的正念靜坐（Mindfulness Meditation），是心理治療以及許多醫學研究所注目的焦點。

Orme-Johnson 和 Walton（一九九八）在比較不同的放鬆方法（生物反饋、自律訓練、放鬆技巧及靜坐）對壓力的預防或改變之效果後指出，超覺靜坐為減壓、降低慢性疾病、發展高層次的認知水準及情緒功能的最有效方法。Reibel 等（二〇〇一）研究了為期八星期的靜坐對一百三十六名病人之生理和心理症狀的影響。結果發現，靜坐訓練後簡易健康問卷（SF-36）的分數顯著上升了，而醫療症狀自評量表（MSCL）與症狀自評量表（SCL-90）分別有二八%和三八%的顯著下降。一年後的追蹤調查顯示生活質量和身心症狀的改善效果仍然維持。此外，有研究表明靜坐可提高免疫系統功能，強化人們抵抗疾病的能力（Davidson, 2003）。Davidson 的研究中，二十五名受試者參加八週的靜坐訓練，所有受測者於訓練前後接受正負面情緒及焦慮自評式測量，並在八週靜坐訓練後，接種流行性感冒疫苗。結果靜坐組訓練後的自評特質焦慮有顯著降低，控制組則沒有變化，而且抽血檢驗發現靜坐組的抗體相較控制組有顯著增加。

參考文獻

Allen, J., Schnyer, R. N. & Hitt, S. K. (1998). The efficacy of acupuncture in the treatment of major depression in women. *Psychological Science*, 9, 397-401.

Brown, D. R., Wang, Y., Ward, A., Ebbeling, C. B., Fortlage, L., Puleo, E., Benson, H.....& Rippe, J. M. (1995). Chronic psychological effects of exercise and exercise plus cognitive strategies. *Medicine and Science in Sports and Exercise*, 27, 765-775.

Davidson, R. (2003). Alterations in brain and immune function produced by mindfulness meditation. *Psychosomatic Medicine*, 65, 564-570.

Haake, M., Muller, H., Schade-Brittinger, C., Basler, H. D., Schafer, H. & Maier, C. (2007). German acupuncture trials (GERAC) for chronic low back pain: Randomized, multicenter, blinded, parallel-group trial with 3 groups. *Archives of Internal Medicine*, 167, 1892-1898.

Han, J. S. (1986). Electroacupuncture: An alternative to antidepressants for treating affective diseases? *International Journal of Neuroscience*, 29, 79-92.

Jin, P. (1992). Efficacy of Tai Chi, brisk walking, meditation, and reading in reducing mental and emotional stress. *Journal of Psychosomatic Research*, 36, 361-370.

Koh, T. C. (1981). Tai Chi Chuan. *American Journal of Chinese Medicine*, 9, 15-22.

Kutner, N. G., Barnhart, H., Wolf, S. L., McNeely, E. & Xu, T. (1997). Self-report benefits of Tai Chi practice by old adults. *Journal of Gerontology: Psychological Sciences*, 52B(5), 242-246.

Leung, Y. & Singhal, A. (2004). An examination of the relationship between Qigong meditation and personality. *Social Behavior and Personality,* 32, 313-340.

Ludsin, F. (2004). Transformative practices for integrating mind-body-spirit. *The Journal of Alternative and*

Complementary Medicin, 1(1), 15-23.

Nice. (2009). Low back pain: The early management of patients with persistent (longer than 6 weeks) non-specific low back pain. Nice clinical guideline 88. Retrieved on May, 25, 2009 from www.nice.org.uk.

Orme-Johnson, D. W. & Walton, K.G. (1998). All approaches to preventing or reversing effects of stress are not the same. *American Journal of Health Promotion*, 12(5), 297-299.

Reibel, D. K., Greeson, J. M., Brainard, G. C. & Rosenzweig, S. (2001). Mindfulness-based stress reduction and health-related quality of life in a heterogeneous patient population. *General Hospital Psychiatry*, 23, 183-192.

Tsang, H. W., Cheung, L. & Lak, D. (2002). Qigong as a psychosocial intervention for depressed elderly with chronic physical illnesses. *International Journal of Geriatric Psychiatry*, 17, 1146-1154.

第八章　潛醫識自癒療法

經過一個月的持續修練，我竟突破了最後的治療瓶頸，我的右足踝關節像得到了徹底的滋養修復，活動能力也大大地提升了。我再一次回復原來的身體，回到原來的生活。

我透過夢境念力療法與月禪自癒氣功的結合，完全治癒了我的右腳和身體其他的傷患，成功跨越了那道完全復元的奇蹟界線。我把以上的身體自然癒法稱為「潛醫識自癒療法」。

「潛醫識」指的是潛意識蘊藏的強大自癒能量，能透過個人的念力轉化昇華，用以修復並醫治傷病的身體。這是我走過這趟瀕死經驗及傷病經歷後，感悟創立的一套自然療法，不存在於現有的身體或心理醫療系統。

坦白說，世界上恐怕沒有比潛意識更適合進行治療的地方，亦沒有比夢境意象更簡單有效的治療媒介。

同樣地，月禪自癒氣功也是潛醫識自癒療法的一部分，都屬於高層次的精神活動，前者是進入大自然的潛意識，而後者是進入個人的潛意識。病者同樣藉著冥想注入心念，把整個療癒環境從個人夢境或身體遷移到大自然裡，當中的許多的理念技巧都是共通互融的。

只要你懂得如何開啟這股內在潛藏力量，再加上大自然的自癒能量，每個人也可能擁有與我一樣的自癒異能。

月禪自癒氣功

注：月禪自癒氣功的修練方法，也曾收錄在《我死過，所以知道怎麼活》一書中的外在自癒力章節，在這裡再次引用是為了增加本書對於身體治療的完整性。

進行月禪所需的環境很簡單，一處寧靜舒適的地方便可以，但如能看到草木山水或貼近大自然當中，則更為理想。修練時，盡可能穿著輕鬆舒服的衣物，減低身體被束縛的感覺，讓皮膚多跟空氣接觸。也可以脫下鞋襪，赤足站立在大地之上，跟大地自然盡量貼近。

盡量避免在太飽或太餓的狀態下進行月禪，身體太累或太亢奮也不適宜，最好是在身心放鬆的狀態下練習。禪修的時間並沒有特別規定，可隨個人喜好於早、午或晚間進行，時間可長可短，但一般以三十分鐘為基本，因血氣流經身體所有經絡及氣脈需約半小時。

月禪起勢

開始時，必須把身體站姿調教好，令全身氣脈暢通，跟天地相連。先把雙腳平行站立，雙腳距離與肩同寬。接著把雙膝輕微彎曲，但注意膝蓋不可前傾超過腳趾。雙臂自然下垂，左右手掌於小腹丹田位置前交疊，掌心向天，拇指指尖相觸成一小圓環。閉上雙眼，身體重心沉穩往下。

想像身體內有三道直線及一個圓環，這些是能量流通的主要路徑。第一道是中氣脈，由頭頂的百會穴及雙腿間的會陰穴垂貫連成一直線。頭頂往上，下巴放鬆輕微內含，整個脊柱挺直豎立，像被一根繩子往上牽引著一樣。第二、三道為左、右氣脈，由

肩膀的肩井穴及腳底的湧泉穴排列成一直線，共形成左中右三條直線。

百會穴是督脈的重要穴位，為身體百脈之會合處，亦為百病所主。湧泉穴是腎經的重要穴位，又名長壽穴，意思是水如泉湧一樣。肩井穴是膽經的重要穴位，「井」指的是地面的孔隙，意指水流入注滿的地方。湧泉穴與地相連，氣從大地由湧泉進入身體；肩井穴則與天相應，水從上天經過肩井承載注入。冥想中的修禪者好像站立於天地中，以三道氣脈貫連天地，天地人融為一體。

至於身體內的圓環路徑，其實是指任督二脈的循環相連。任脈以雙腿間的會陰穴為起點，沿身體正前方往上到嘴唇下的承漿穴為終點；督脈則由會陰穴往後沿著脊椎走上，到達頭頂百會穴後再往下穿過眉心，至口腔上顎的齦交穴為止。在中醫理論裡，任督二脈屬於奇經八脈，有謂任督二脈通，則八脈通；八脈通，則百脈也通。任脈主血，督脈主氣，若任督二脈相通，氣血便能在體內循環流動不息，從而改善體質，恢復元氣。為使任督二脈相連，修禪者須將舌頭輕抵上顎，形成一道橋梁連接二脈，讓氣行走。

接著是提氣向上，如太極般提手起勢，以身帶氣。雙手平衡肩膀後，沉肘按掌，

氣聚丹田，重心隨氣往下移到盤骨，雙膝自然微曲，但注意膝蓋不過腳尖。

呼吸身語意

呼吸與放鬆。站姿起勢後，放鬆身體，平靜心情。專注小腹的丹田位置，並改以腹式呼吸，吸氣時小腹隆起放鬆，吐氣時小腹凹陷收縮。專注於一呼一吸時腹部起伏的動作，慢慢習慣這種更徹底、更完全的腹式呼吸。把呼吸盡量放慢，讓呼吸盡量深沉。徹底地深深吸氣，一直將新鮮的氧氣吸進小腹的丹田；然後再徹底地吐氣，把所有廢氣從身上吐出。再次深深吸氣，讓你感到舒適飽滿；再次徹底吐氣，讓你感覺放鬆自在。

放鬆你的身體，從頭到腳逐一解除對身體的控制，讓身體放鬆，如海綿般輕盈自在，恢復原來的彈性。隨著每一次呼吸，身體逐漸放鬆。呼吸，頭部放鬆，五官放鬆，腦袋放鬆，整個頭部都鬆開來了。呼吸，身軀放鬆，頸部、胸部、腹部、背部放鬆，五臟六腑跟著放鬆，整個軀體都放鬆軟化。呼吸，四肢放鬆，肩頸、雙臂、雙手

放鬆；大腿、膝蓋、小腿、腳掌放鬆，四肢都徹底放鬆。再呼吸，全身每一根毛髮、每一道毛孔、每一個細胞都完全放鬆，如棉花般輕柔輕鬆。

呼吸與意識。放鬆後，認真地感受身體每一處，以不批評的超然態度，重新探索認識身體的每一處。你全然地接受身體每一個感覺，坦然地接納身體的完美與不完美。你逐一檢視骨骼肌肉積存的疲累、五臟六腑隱藏的不適虛耗、各器官部位的焦慮不安。以呼吸進行感應，傾聽身體的訴求，感受到身體的需要與想要傳達的訊息。身體是你的朋友，是你最能信賴的伙伴。

這次吸氣時，想像新鮮的氧氣帶來正面的能量，隨氣帶進身體裡任何一處緊張疼痛的地方。呼氣時，想像空氣將壓力與不適帶走，把負能量排出身體。透過呼吸將正能量帶到身體所有不適的地方，讓每個部位得到放鬆、軟化與溫暖，並把所有負面情緒、負能量吐出體外。

從頭部開始，感受你的眼睛、耳朵、嘴巴、鼻子，哪裡有不適的感覺、緊張的情緒；感受你的大腦、小腦、腦幹，那裡有焦慮與疼痛。你純然地接受每一個部位，擁抱每一個感覺。透過呼吸送進正能量，並解除所有的負面情緒與負能量，整個頭部得

到舒展，感到自在。

繼續呼吸，注意力轉到你的頸部，感受你的頸部肌肉與頸椎哪裡還有壓力與不適，吸氣讓正能量緩緩流進，呼氣讓負能量流走，整個頸部得到舒展，感到自在。

繼續呼吸，注意力轉向背部，沿著每一節脊柱下行到尾骨，若有感受到任何不適和舒適，就完全地接受與擁抱。再將你的注意力轉向胸部和腹部，以超然的感覺感應哪裡還有緊張、疲倦或負面的情緒。透過呼吸，送進正能量，排走所有的負面情緒與負能量，整個身軀得到舒展，感到自在。

繼續呼吸，注意力轉向你的雙肩、雙手與雙腳，感受哪裡還有壓力與痛楚，以不批判、不責備的態度，接受任何的不安與不滿。吸氣讓正能量緩緩流進，呼氣讓負能量流走，帶走所有的不適。四肢得到舒展，感到自在。

透過呼吸，修禪者好像進行了一趟身體的旅行，探訪了身體每個部位，跟每個細胞逐一打招呼問好。現在你重新認識、關心與聆聽你的身體，把呼吸跟身體緊密相連。

現在，放鬆你的思想，放下過去的回憶，放下未來的擔憂，感受每一次的呼吸，讓思想回到每一秒的當下。

再次放鬆你的內心，你的內心自由而空曠，在一呼一吸間得到了平靜。將你的注意力轉到內心，感受哪裡還有憤怒與鬱悶的情緒，你接受這些可能出現的負面情緒，藉著呼吸將它們送走。

你以超然平和的意識注意你的呼吸，將心中產生的一切負面情緒、討厭的想法，隨著呼吸一同吐出。

繼續呼吸，你的內心感到寧靜與和諧，就像一片沒有漣漪的湖泊。你現在重新尋回一顆清明的平常心，感到身心平和放鬆，能以心運氣，以氣運身，意識與身體呼吸合而為一。

冥想自然

當身語意合一調和，便開始進入如催眠時的氣功狀態。

現在想像自己身處一片綠色的森林中，深深感受大自然的環境與氣息。看看四周的景色，抬頭可看到蔚藍的天空，如棉花般柔軟的白雲在天上飄著，慢慢流動；流水

淙淙連綿不絕，小溪輕淌過岩石。聽聽四處的聲音，微風輕輕吹過，樹葉沙沙作響，鳥兒鳴聲和唱。清風輕拂在你的臉龐，你感到無比清涼舒服，溫暖的陽光滲透你每一吋的皮膚。你深深地吸一口氣，聞到遠處傳來春天的花香，雨後青草的味道。森林裡陽光普照，風和日麗，泥土肥沃，處處充滿生機。

天地萬物皆是相輔相承，相生相息。山作骨幹，水化血脈，天地為一。山以水依靠，吐納百川，氣壯而山明。水隨山流動，滋養群嶽，情柔而水秀。雲裡有雨水、有河流、有被水滋養的萬物，風中有空氣、有陽光、有溫暖。天地承載大自然萬物，宇宙包容天地自然。大自然的生命元素：地、水、火、風、空，循環流轉，生生不息。此一瞬間，同邀天上日月、山澗清風，與宇宙自然融合為一，同呼同吸，跟天地萬物同流。

現在透過冥想意象，修禪者把自己化身成大自然的其中一分子，或山或水，不論是飛禽走獸或花草樹木。我選擇以大樹作為冥想對象，藉以感應宇宙自然的能量頻率。

大樹的生命力強盛，不怕風吹雨打，能忍受嚴寒及酷熱等惡劣天氣，是順應自然而生的長壽生物。那些上百年的參天大樹，沉隱地聳立於大地之上，讓人有上連天下連地的感覺。大樹茂盛的枝葉吸風飲露，盡收日月精華，製造出氧氣與食物。壯闊的

樹根深入泥土，攝取大地中蘊藏的礦物與水分，提供生長所需的營養。粗壯的樹幹則好比連接的管道，將上天下地所接收的養分與能量輸送，支撐大樹健康成長。天地的能量在大樹中循環流動，賦予大樹生生不息的生命力量。

一瞬間，我變成了森林中的一棵大樹，一棵長得既高且壯的百年大樹。我的身軀成了樹幹，雙腿與大地相連，腳掌腳跟處更長出樹根。腳底的樹根深入大地肥沃的泥土，不斷往下向四面八方伸展鑽探，形成一個闊廣的樹根網絡，牢固地抓緊大地。樹根發揮強大的吸收功能，努力吸取土壤中蘊藏的營養、水分與礦物。源源不絕的大地精華經過樹根，流進腳底的湧泉穴，大地的能量如泉水般湧進，流經雙腿輸送到身體各處，最後匯集在丹田，形成一個能量球。慢慢感受大地陰性能量的流進，感覺丹田充滿大地的精神能量。

現在大樹的樹幹一直向天延伸，樹頂長出茂密的枝葉，翠綠的寬葉覆蓋著大片天空，彷如一個龐大的接受天線網絡。頭頂的枝葉向四方八面伸延張開，接受天空宇宙取之不盡的能量，日月星辰送來溫暖的亮光，清風送來新鮮的氧氣，雲霧送來滋養的雨水。天空宇宙的精華吸進大樹的枝葉，注入頭頂的百會穴，流經身體各處，最後匯

集在丹田，形成一個能量球。慢慢感受天空陽性能量的流進，感覺丹田充滿天空的精神能量。

天地宇宙無私地把能量分給你，自然生態裡的一草一木、飛禽走獸也慷慨地把能量跟你共享，你感恩地接受這些珍貴的能量，一點一滴地匯聚儲存在丹田裡。你感覺到兩股一陰一陽的元氣能量在體內平和流動，最後和諧地融合在丹田裡，形成一個平衡完全的能量球，溫暖地在丹田轉動。

月禪昇華

人的身體跟大自然生態以相同原理運作，體內生命元素的循環轉合，形成了整個人體機能。只要能把體內的五大元素：地、水、火、風、空，調和提升，將身體從固態轉化到液態，再氣化昇華，最後化成純能量的光束，便可以到達深度的氣功治療狀態，借助宇宙自然的能量為身體進行療癒修復。

想像丹田裡的能量球開始壯大，能量球不斷提升變大，逐漸超越了你身體的邊

界，把你整個人包裹在能量球裡。你像回到大地母親的子宮，整個身體浸淫在溫暖的能量泉水裡，如同過去在母親的子宮裡被溫暖滋潤的羊水包圍着。你感到無比的安詳、寧靜、被保護與被接受，這是宇宙自然無條件的愛，化成這能量光海把你擁抱。在這能量光海裡沒有生與死，只有生命生生不息的循環，蘊藏著生命起源的智慧。

想像你的身體如海綿般放鬆，所有的壓力鬆開釋放，每個部位回復到自然的狀態，輕柔自在。海綿般的身體不斷吸收光海的能量，溫暖的能量經由皮膚的每個毛孔滲入，將身體從頭到腳慢慢溶化，變成清晰透明的水分。能量流經體內每個細胞深處，水分的身體跟能量光海融合，逐漸由水分蒸發成空氣，變成充滿生命力的能量氣體。

源源不絕的能量繼續注入身體，氣化的身體逐漸發出光明，從每個細胞深處發出亮光，每個細胞都變得晶瑩金黃，釋放出金黃的亮光。你整個軀體發出閃耀的光芒，充滿了生命能量。亮光在體內無限擴大，不斷延伸，身體的疆界逐漸模糊，慢慢消失。發光的身體已經跟外在的能量光海球完全融合，變成了一個能量光球，就如天上的明月一樣。月亮光球繼續膨脹壯大，一瞬間亮光充滿了整個空間，充滿了整個宇宙自然。你已經再看不見自己的身體。你跟宇宙自然完全融合為一，到達天地的心臟，

結語　相信奇蹟

在這次由意外與傷病所開啟的驚險旅途中，我親身體會到生命的無常；經歷過不治頑疾的可怕，讓我深深明白傷病者眼中所看到的扭曲世界。不論是自己的傷病也好，親人的不幸也好，只要不小心跌進絕望的迷思，人便會自動成為悲劇的主角，不斷地重演自怨自艾的劇情，不知不覺地扮演著受害者的角色。

當面對突如其來的噩耗或死亡威脅時，傷病或意外的受害者好像就只有抗爭與放棄兩種選擇。抗爭是因為感到不甘心、不明白與不公義，不願也不知如何接受傷殘的命運（就如同我一樣），眷戀著從前完整的生活，害怕接受彷彿沒有希望的明天。這種拒絕相信與抗拒接受的情況，即是反映出傷病者內心極端的憤怒與恐懼，是心理治療中常見的現象。

但即使傷病者渴望改寫不幸的命運，能做的事情卻往往是少之又少，最常做的只是一心祈求奇蹟的降臨。可是當我們發現原來一切並非掌握在自己手裡，人便開始感

到徬徨無助；就在一次又一次嘗試失敗後，人便對自己失去信心；就連最後的希望也幻滅時，只好消極放棄，不再相信自己，不再相信生命，認為垂死的掙扎只是徒勞無功，最終跌入萬劫不復的絕望深淵。我從意外後的死命反抗到自暴自棄，便是一個活生生的例子。

因此，我希望藉著我意外後的心路歷程，讓大家看清楚傷病者常誤墜的陷阱迷思，這陷阱能癱瘓我們的思想、情緒與行為，讓我們成為一個真正的心靈殘障者，而這比身體殘障更為可怕。

其實，除了抗爭與放棄之外，我們還有第三個選擇，就是接受並勇敢面對。接受並不代表認同或喜歡，只是單純地接受已經發生的遭遇，接受生死有時、命運無常的宇宙法則。當人能夠真正接受自己的現況並面對現實時，力氣才不會消耗在逃避與抗拒上，能量才能再次集中在更有意義的適應與改變上。

所以傷病者要學習的是：從自己的不幸中抽離，試著以豁達的心情再次觀看周遭的世界，無論順逆，都要努力地活在當下。在放下執迷，釋懷地面對生命無常後，人就不會再時刻想著自己的不幸。以我為例，當我把目光從輪椅中移開，我才能看見

大自然的和諧場面，尋回內心的平靜與安慰——原來只要學會轉念，便可擺脫心靈殘障；換個高度看世界，就能走出傷病者的心魔。

當身心準備好以後，我十分鼓勵傷病者重新觀看自己的疾病與意外，因為「能坦然面對自己的不幸」是心靈療癒最重要的一環。其實每個傷病背後，都隱藏著內心想要傳達的重要訊息，只是我們不曾認真聆聽內心的訴求而已。傷病只不過是潛意識的一個訊息載體，訊息如果沒被成功解讀，傷病便會一直抓緊我們不放。我再次回溯整個意外經過，就是為了解讀我的性格如何促成了這次墜機意外，我的腳傷如何代表心靈的自由渴求。當我成功地解讀這一切，我就已經得到離開輪椅世界與傷殘身體的契機。

要有效地進行治療，我建議傷病者優先處理心理上的問題，因為自癒能力是會受到內在思想與情緒的影響。當人在充滿正面思想、放鬆愉快的心情下，自我療癒的速度最快，復元的效果也最好。相反的，如果人是處於負面思想或緊張絕望的情緒下，自我療癒能力將會大受影響，復元速度也是最緩慢的，所以要讓自癒系統發揮最大的效用，必須保持心靈健康。

我追尋的奇蹟治療，其實正是自我療癒的能力，這並不是什麼神祕魔法，也不是

哪裡修來的神通異能，它其實是我們與生俱來的一種生存本能。從我們出生的第一天起，每個人便已經被賦予這自癒求生的本領，而且這樣的天賦是人人平等，不論膚色種族，不管性別或信仰，每個人都公平得到這項能力，沒有誰比誰多，也沒有誰比誰強。事實上，這可貴的自癒能力，牢牢地被記錄在每個細胞的遺傳密碼上，經過千萬年的進化演變，才讓我們的生命得以延續至今。

只是，經濟越發達，科技越進步，我們越注重物質生活，卻忽略了內在的精神健康。醫療技術的急速發展，雖然使得人類壽命延長，卻沒有讓人類活得更健康、更快樂。人類的精神文明，並沒有隨著物質文明同步成長。相反的，對物慾的追求，使得我們身心疏離，逐漸失去對身體的自主權。但請不要誤會，我並不是在否定現今的醫學，或是質疑醫藥的療效，我只是希望傷病者對自己的生命負責，不要胡亂地把自己身體的療癒權交給別人。

只要身體出現問題，我們都會不假思索地往外尋求最便捷、最有效的治療方法，想在最短時間內把所有病徵病狀消除，以避免影響繁忙的都市生活。正因如此，我們的自癒能力正逐漸萎縮，對外的依賴亦不斷擴大，頻繁地使用抗生素、類固醇、止

痛劑、營養精華等速效化學藥物，已成為現代生活因循怠惰的習慣，我們已忘記了天生的修復能力，遺忘了生命的力量，不再相信自己。所以我的康復經歷是要讓人重拾對生命的信任，以及對奇蹟的希望。因為這奇蹟不只屬於我，也不只屬於少數的幸運兒，而是平等地屬於地球上每一個生命。奇蹟就寫在每個細胞的遺傳密碼上，深藏在我們的潛意識裡。

人類歷史上許多前所未聞的治療，都是透過不停地探索與努力嘗試才出現的。我並不是什麼異能人士，夢境治療只是我被上天挑選出來向眾人展示：如何透過潛意識來發掘生命的無限可能。時至今日，我們對潛意識的了解還屬初步階段，相信還有更多的奇蹟在等待著我們發現。

雖然每個人所面對的傷病際遇不盡相同，但希望透過我的康復奇蹟，讓所有人能再度成為自己生命的主人，成為自己最好的醫生！期盼以我的生命影響更多生命！

我遇見了奇蹟，因為我相信。那你呢？

後記　重生後的十道傷疤、十個夢想

二〇〇五年十月七日，今天是我三十一歲生日，這一年感覺像度過了一個世紀。這一年我經歷了生死，從人生的頂峰墜落到最黑暗的幽谷，當失去所有，才發現自己什麼都不曾真正擁有；當萬般皆空，才知道什麼是我的真正追求。擁有在不知不覺間變成了一份詛咒，因為到最後一樣也帶不走。

所以我沒有打算大肆慶祝，我只為自己準備了一個簡單的生日蛋糕，一個沒有任何裝飾的奶油蛋糕。我從雪茄的匣子裡找到了十根長長的火柴，我一根一根地劃下，看著那火焰慢慢地燃燒，照亮整個陽台。

當黑色的火柴頭擦過那個粗糙的沙礫面時，摩擦過的高溫點燃出一個耀眼的小火球，伴隨著濃濃的硫磺氣味與一縷白色的輕煙。讓我想到在無境的宇宙裡發生的大爆炸，整個世界因而從黑暗裡誕生。我被眼前的火光深深吸引著，在看得出神的同時，我彷彿進入了奇妙的催眠意境。

當火柴燃燒的剎那，我看見時間之流浮現在火焰裡，一直到火焰完全熄滅為止。那劃下的十根火柴代表我意外之後的十個新夢想，印記在我身上的十道傷疤。每劃下一根火柴的同時，我便許下一個願望。

我的第一個夢想是可以再次自由自在地行走。

二〇〇五年十月十六日，晴。溫暖燦爛的陽光從窗戶照進房間，把我喚醒的同時，彷彿給予我無限的支持與鼓勵。我決定今天不再依賴任何的助行工具，完全以自己的雙腳走在這片大地上。我第一個想到的地方竟然是那不起眼的小公園，在那裡我發現了世界真實的面目，不是美麗的一面，也不是醜陋的一面，而是接近本質的那一面。

我的第一個願望在生日後的一個多星期便實現了。到了小公園，我把鞋子脫掉，雙腳踏在草地上，感覺有點不太真實。也許陌生的感覺不是來自雙腳，而是來自再一次地活著。有什麼東西在我身體裡改變了，也讓外面的世界變得不一樣。

這場意外在我身上留下了十道傷疤，一道一道，開啟十個新生的夢想。我要透過餘下的九個夢想，重新認識生命的智慧與自由的真諦。我明白到夢想最珍貴的地方不

在結果，而是在追夢的過程。

我的奇蹟康復不是故事的完結，相反的，一段奇幻人生旅程正式在我面前開展……

國家圖書館出版品預行編目資料

做自己最好的醫生 ：一位心理學家的自癒實錄 /
鍾灼輝著. — 二版. — 臺北市 ：大塊文化,
2014.04
344面 ；14.8*20 公分. — (Smile ；106)
ISBN 978-986-213-514-3(平裝附光碟片)

1.催眠術 2.催眠療法 3.潛意識

175.8　　103004229

LOCUS

LOCUS